擴大法書撰集 2

楷書

九成宮醴泉銘 二

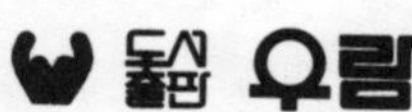

이 책의 構成에 관하여

一、**『擴大法書選集』**은 歷代의 名蹟 중에서、各書體의 基本的인 法帖이라 일컬어지는 代表的인 筆蹟을 골라 이들의 글자를 擴大한 것인 바、學習者에게 편의를 제공코저 한 것이다。

一、各卷은 原蹟에 있는 모든 글자를 總網羅하여 揭載함을 原則으로 하였으나、글자의 數가 현저하게 많은 것은 그 중의 重要한 部分만을 拔萃하였고、한편 缺損이나 其他에 의해 判讀이 不可能한 글자는 排除하였다。

一、本書는 冊을 펴서 마주 보아 양 페이지가 半紙 六字 크기로 배울 수 있도록 各 페이지에 三字씩 擴大配置하였다。그러나 各 글자의 擴大率은 편집・揭載上의 형편에 맞추다보니 반드시 同一하지 않으며、따라서 字間의 간격도 原蹟의 그것과는 다른 경우가 많다。

一、**擴大配置**한 글자의 안 쪽 左右에는 各字의 畫(筆)順과 字解를 상세하게 揭載하여 特히 初學者의 獨習에 만전을 기하였다。

一、本文의 畫順 옆에 있는 「 」안에 字는 缺損 및 其他의 理由에 의해 揭載치 못한 글자를 표시한 것이다。

一、本法書는 편의상 全文의 글자를 三卷으로 나누어 揭載하였다。

※ **『九成宮醴泉名』**의 基礎筆法 내용은 本社에서 간행한 **『基礎筆法講座 1 楷書 九成宮醴泉名 — 歐陽詢』**을 참조하기 바란다。

編者 一山 張大德

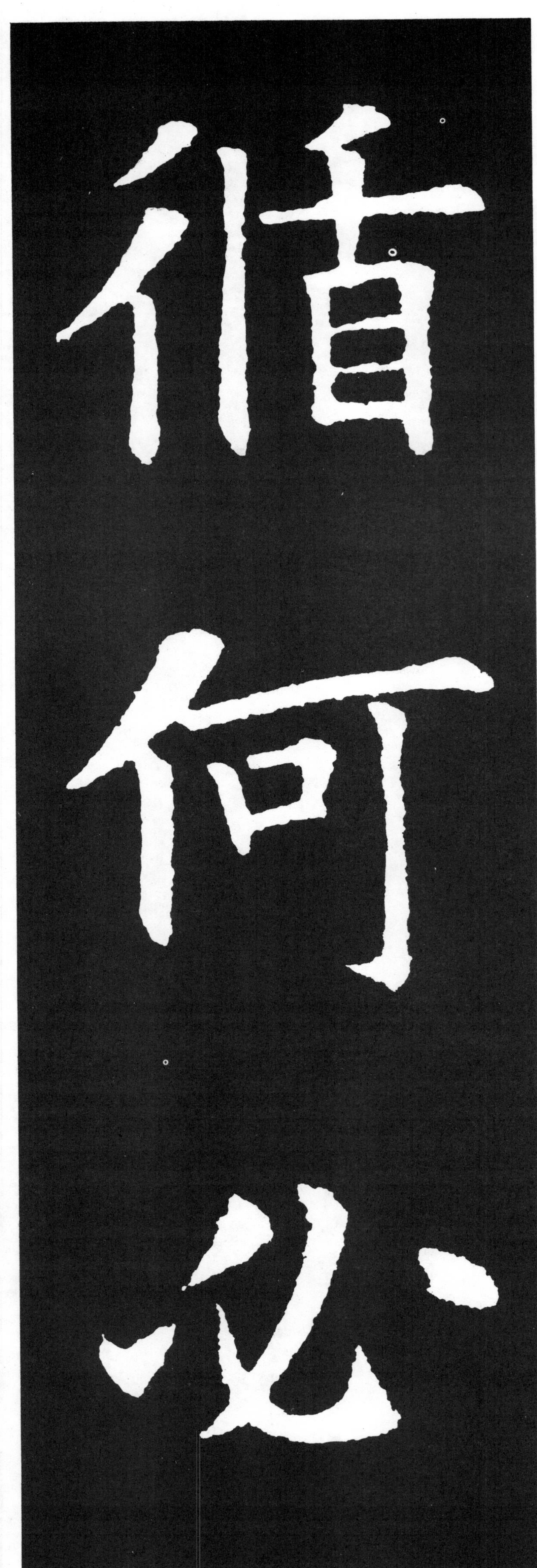

● **循** : 좇을 순
순할 순
착할 순

● **何** : 누구 하
어찌 하
물을 하

● **必** : 반드시 필
오로지 필
살필 필

改

作

於

改

作

於

●改: 고칠 개 / 지을 개 / 바꿀 개

●作: 지을 작 / 일할 작 / 만들 주

●於: 어조사 어 / 탄식할 오

●是: 이시 옳을시

●斲: 쪼갤착 깎을착 나무쪼갤착

●彫: 새길조 그릴조

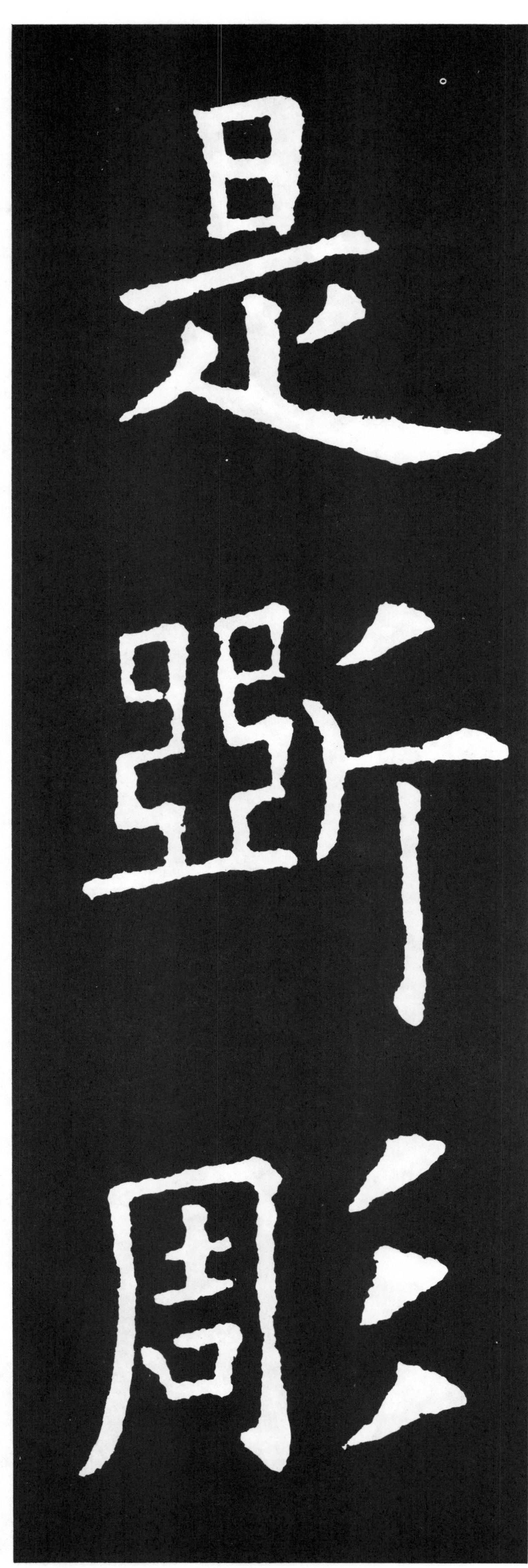

爲

樸

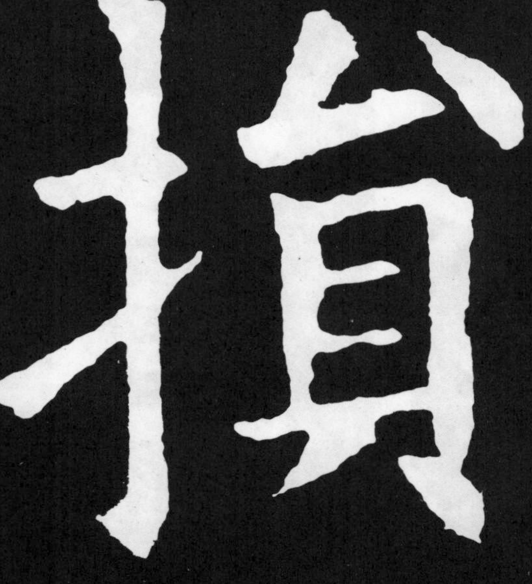

爲

● 爲 : 하위
될위
위할위

樸

● 樸 : 질박할 박
순박 박
땅갈나무 복

損

● 損 : 감할 손
해볼 손
잃을 손

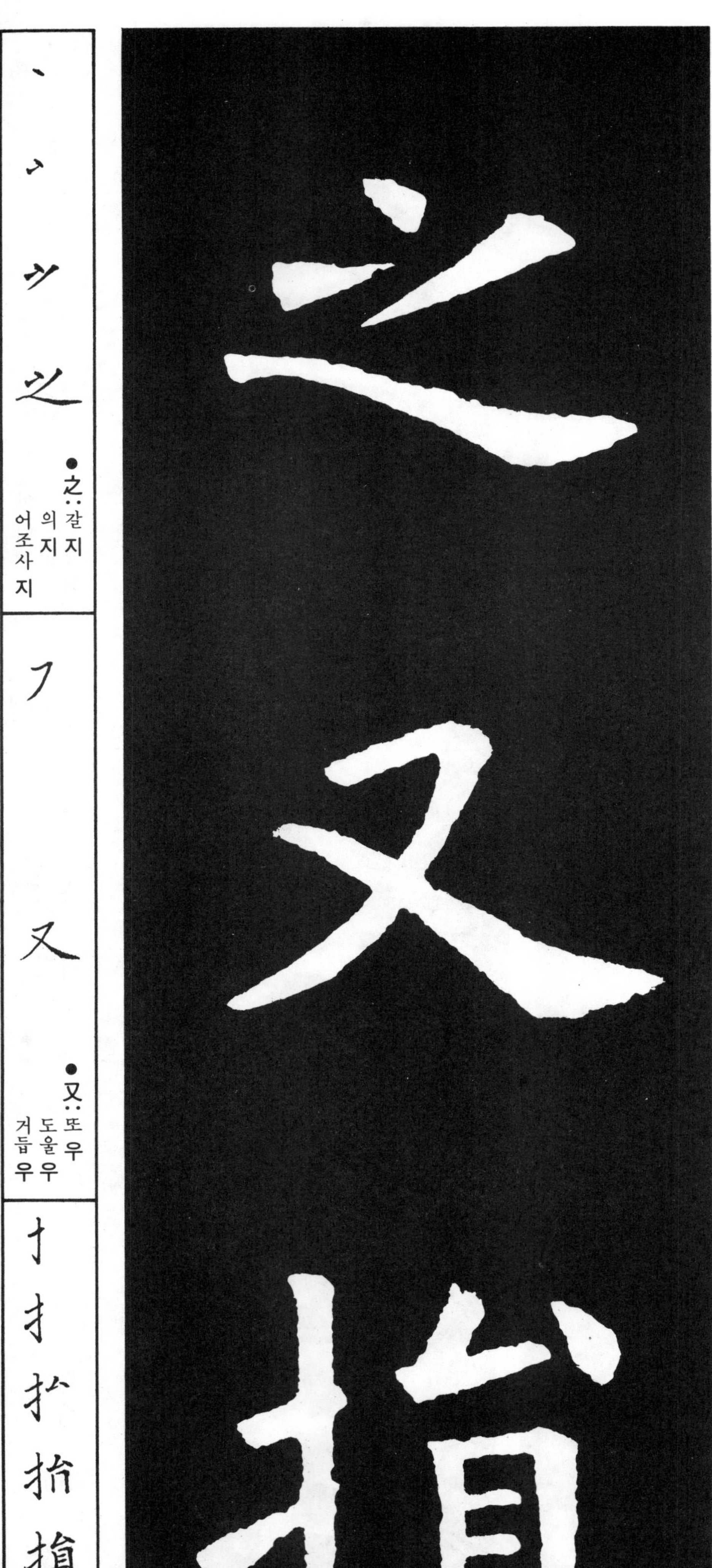
之
又
損
●之: 갈 지
의 지
어조사 지
●又: 또 우
도울 우
거듭 우
●損: 감할 손
해볼 손
잃을 손

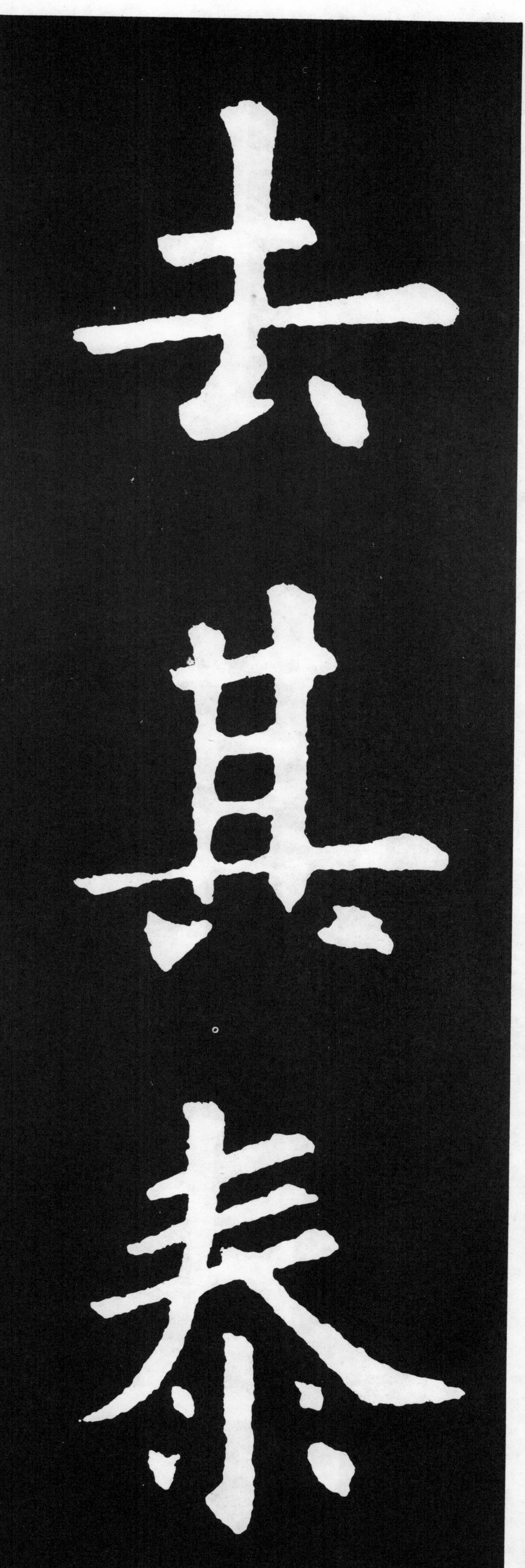

一 十 土 去 去

●去: 갈거 버릴거 거성거

一 廾 甘 其 其

●其: 터기 어조사기 그기

三 夫 夫 泰 泰

●泰: 클태 심할태 통할태

一 卄 甘 甚 甚

● 甚: 심할 심
심히 심
매우 심

艹 芇 苩 葺 葺

● 葺: 집이을 즙
수리할 즙
수집할 즙

一 卄 廾 甘 其

● 其: 터 기
어조사 기
그 기

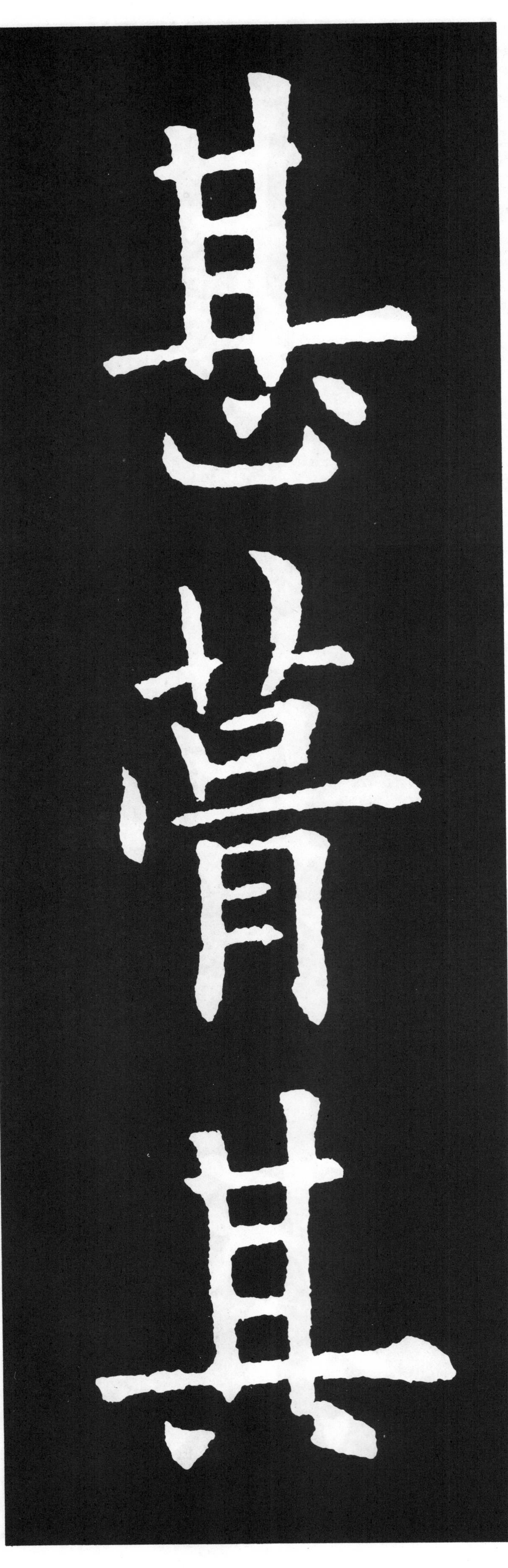

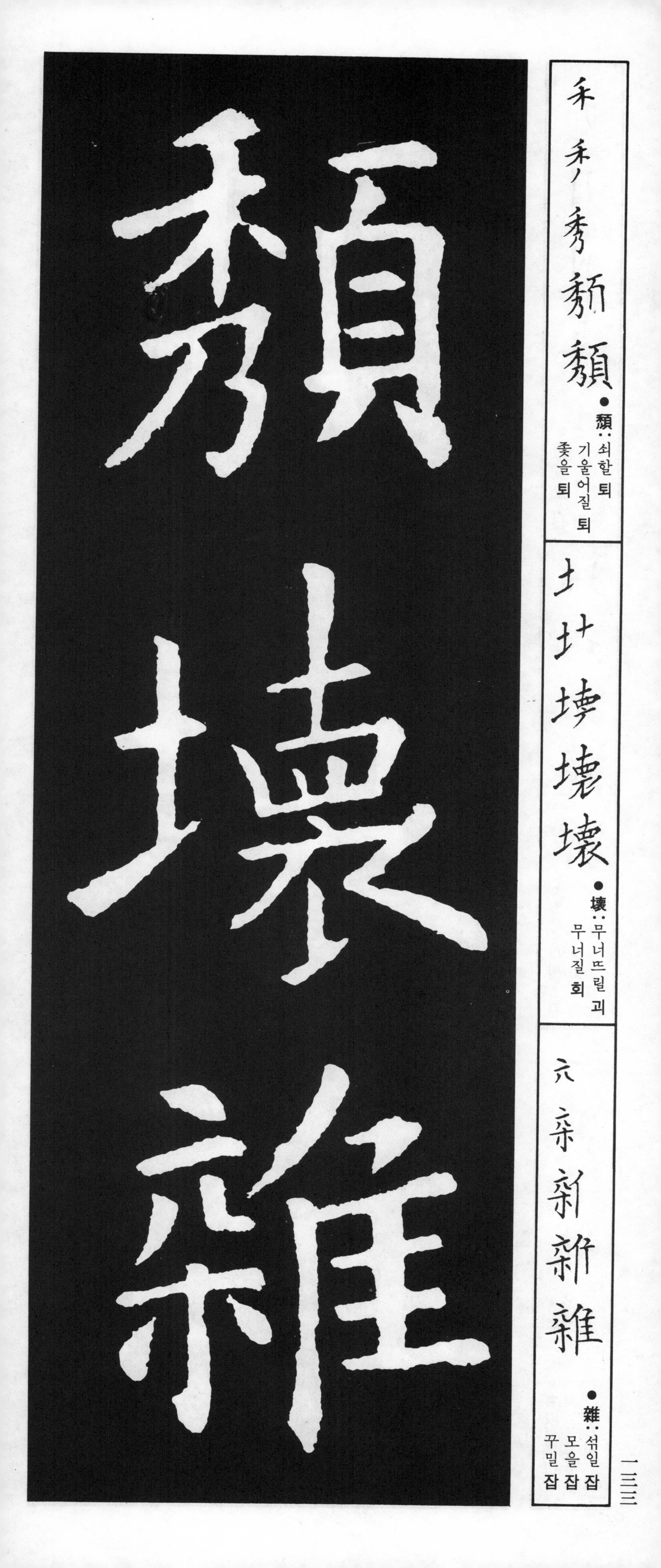

頹 壞 雜

頹

● 頹 : 쇠할 퇴
기울어질 퇴
좇을 퇴

壞

● 壞 : 무너뜨릴 괴
무너질 회

雜

● 雜 : 섞일 잡
모을 잡
꾸밀 잡

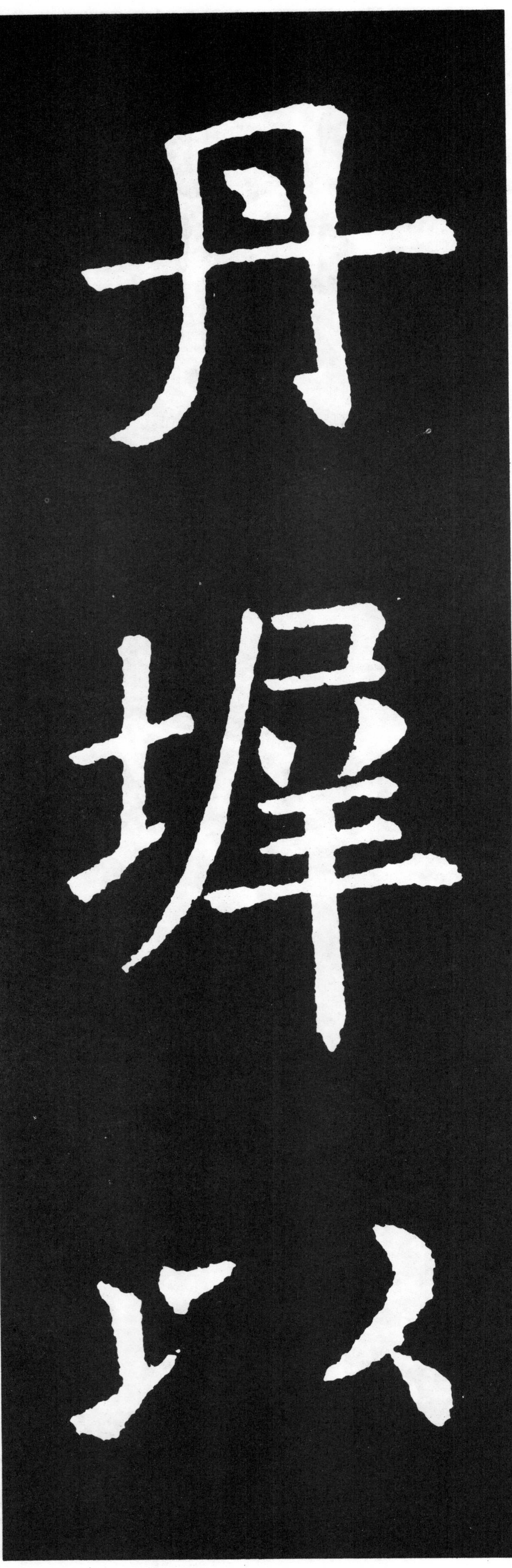

●丹：붉을 단
단사 단

●墀：축대위뜰 지
섬돌 지

●以：써 이
인할 이
같을 이

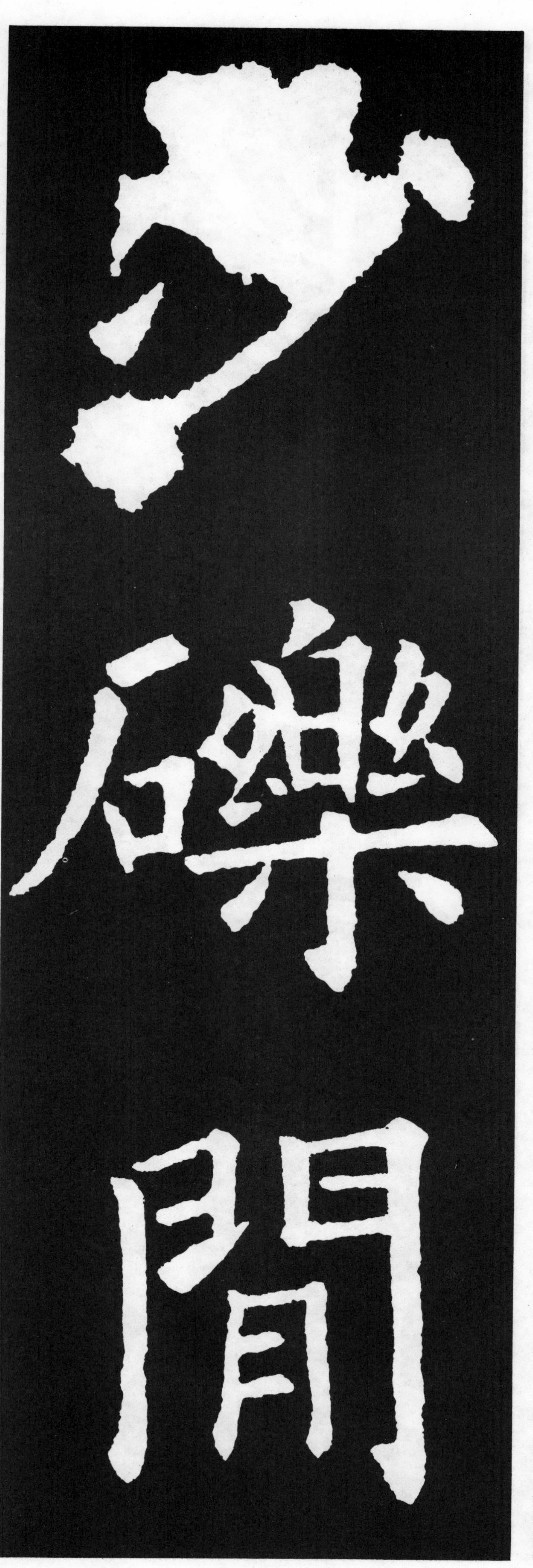

沙

●沙: 모래 사
물가 사
미끄러질 사

礫

●礫: 자갈 력
조약돌 력
주사 력

間

●間: 겨를 한
한가 한
사이 간

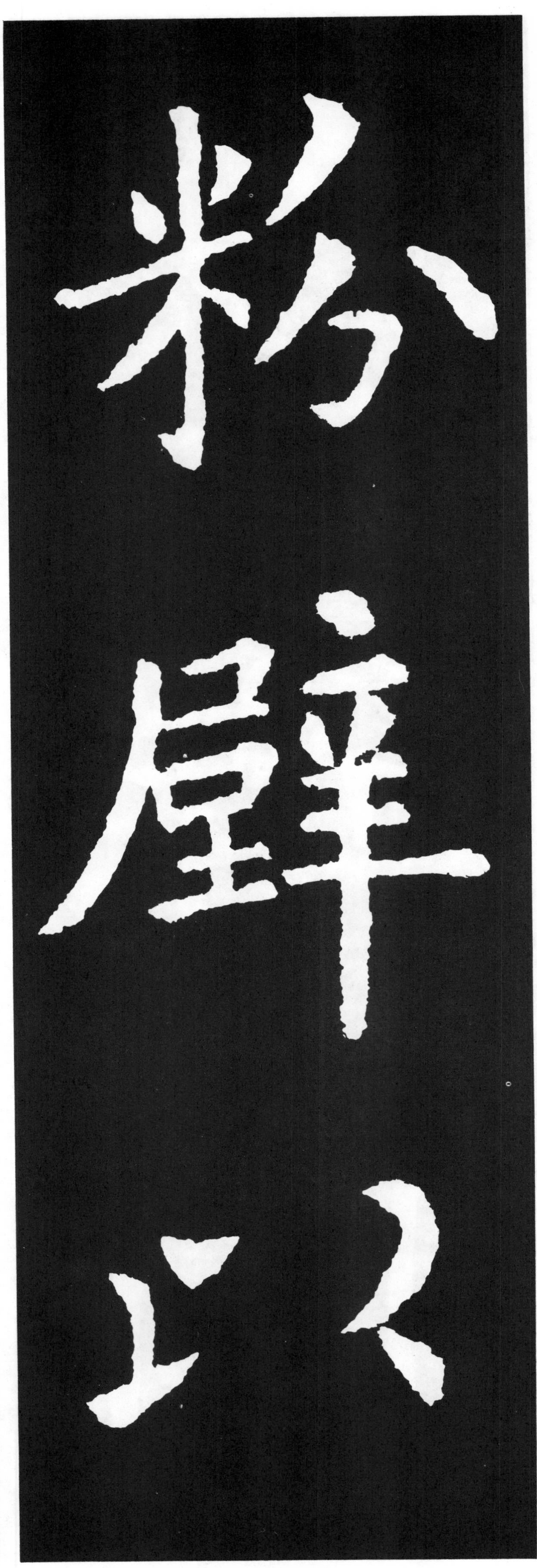

● 粉 : 가루 분
분분
바를 분

● 壁 : 벽 벽
바람 벽
진터토성 벽

● 以 : 써 이
인할 이
같을 이

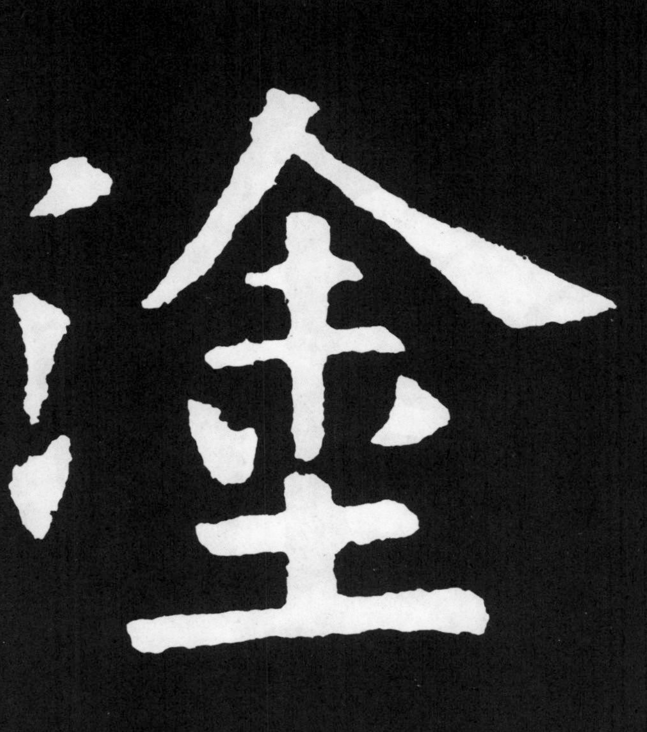

泥

玉

●塗: 진흙 도
바를 도
막을 도

●泥: 막힐 니
진흙 니
바를 니

一 丁 王 玉

●玉: 옥 옥
이룰 옥
성 옥

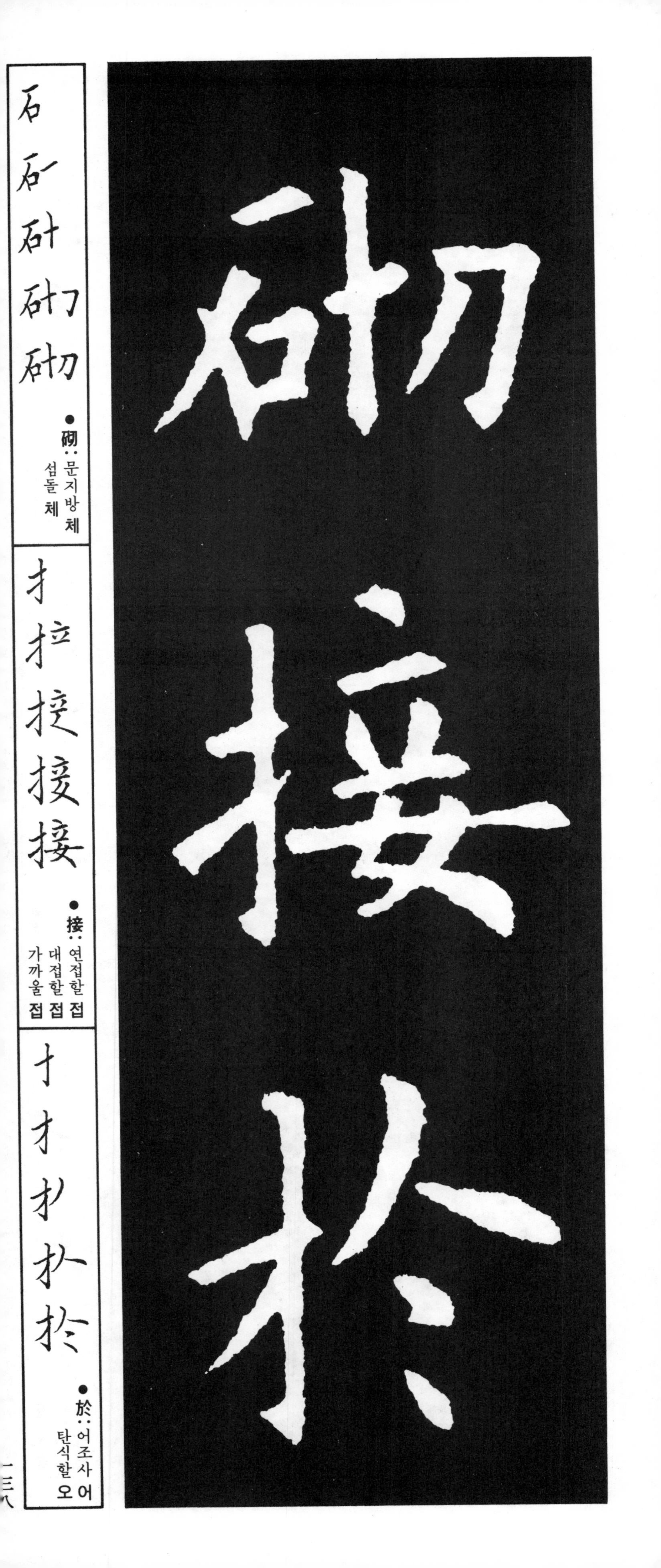

砌

●砌: 문지방 체
섬돌 체

接

●接: 연접할 접
대접할 접
가까울 접

於

●於: 어조사 어
탄식할 오

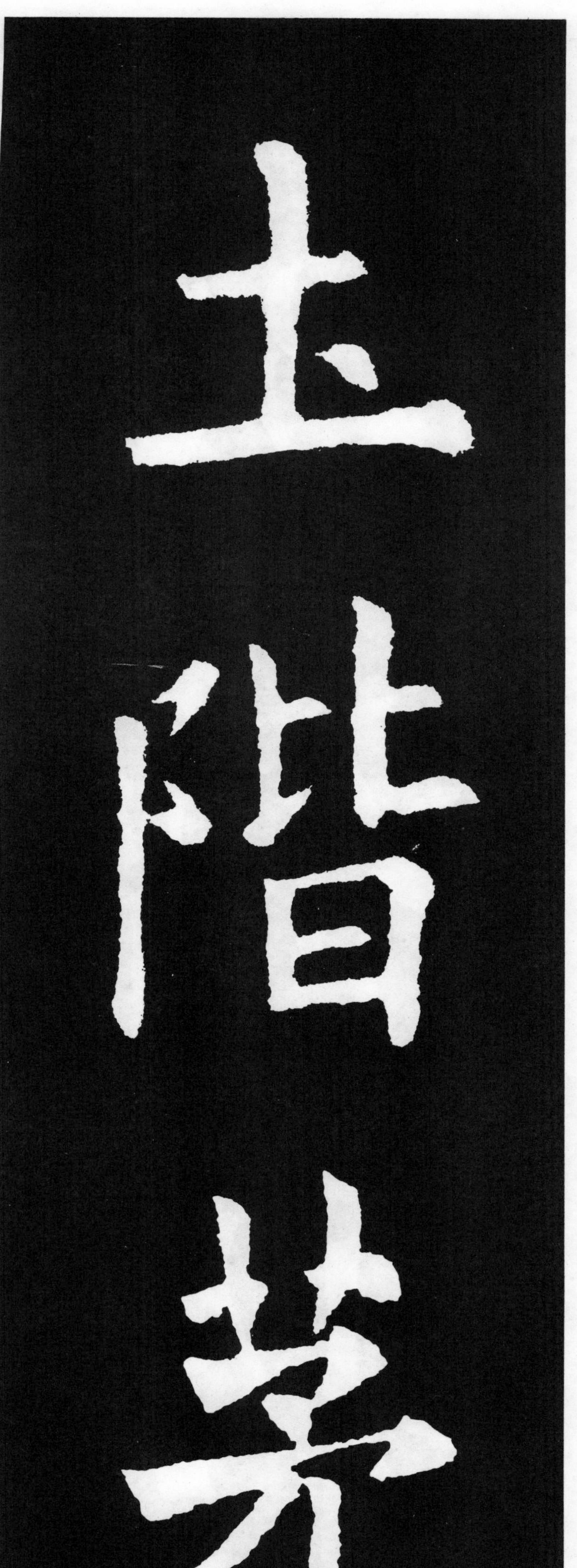

一 十 土

●土: 땅 토
흙 토
뭍 토

階

●階: 섬돌 계
등급 계
계급 계

茅

●茅: 띠 모
잔디 모
표기 모

茨

續

於

●茨: 집이을 자
납가새 자

●續: 이을 속
잇닿을 속

●於: 어조사 어
탄식할 오

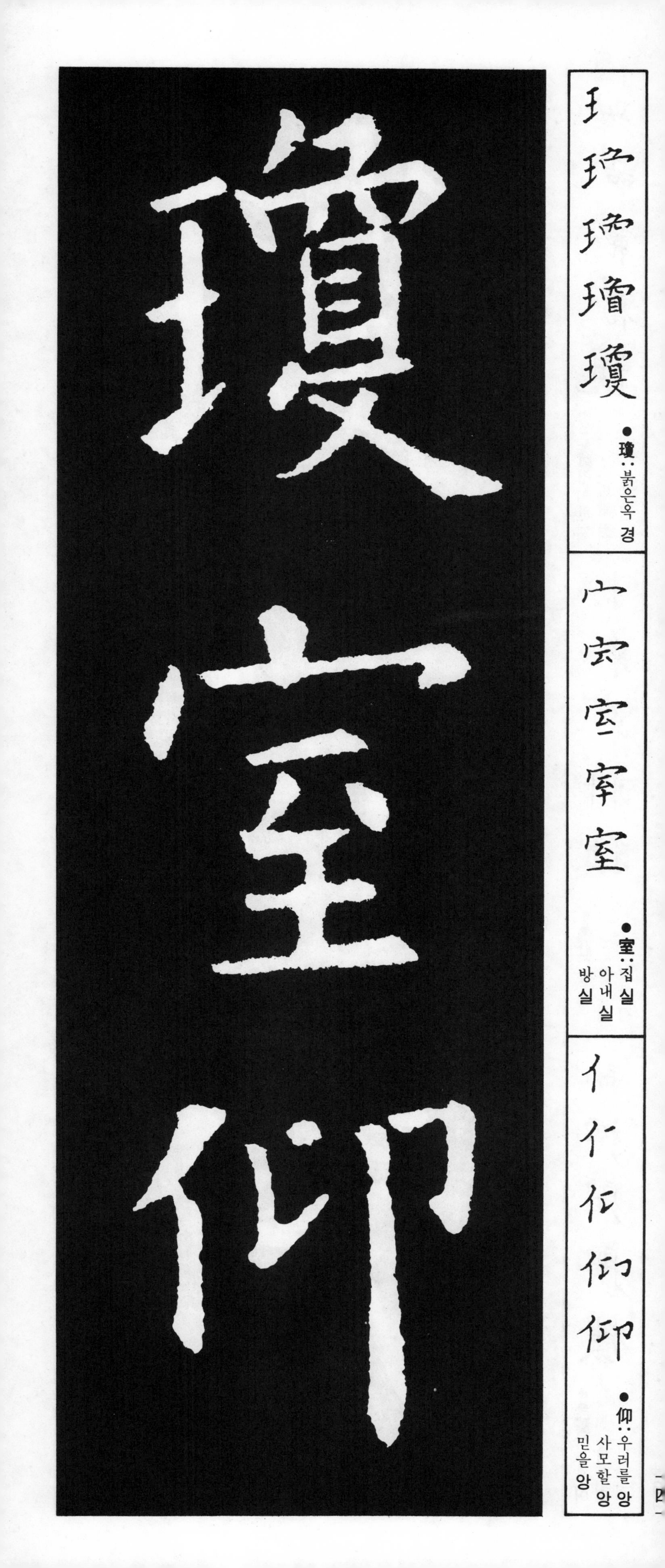

瓊

●瓊: 붉은옥 경

室

●室: 집 실
아내 실
방 실

仰

●仰: 우러를 앙
사모할 앙
믿을 앙

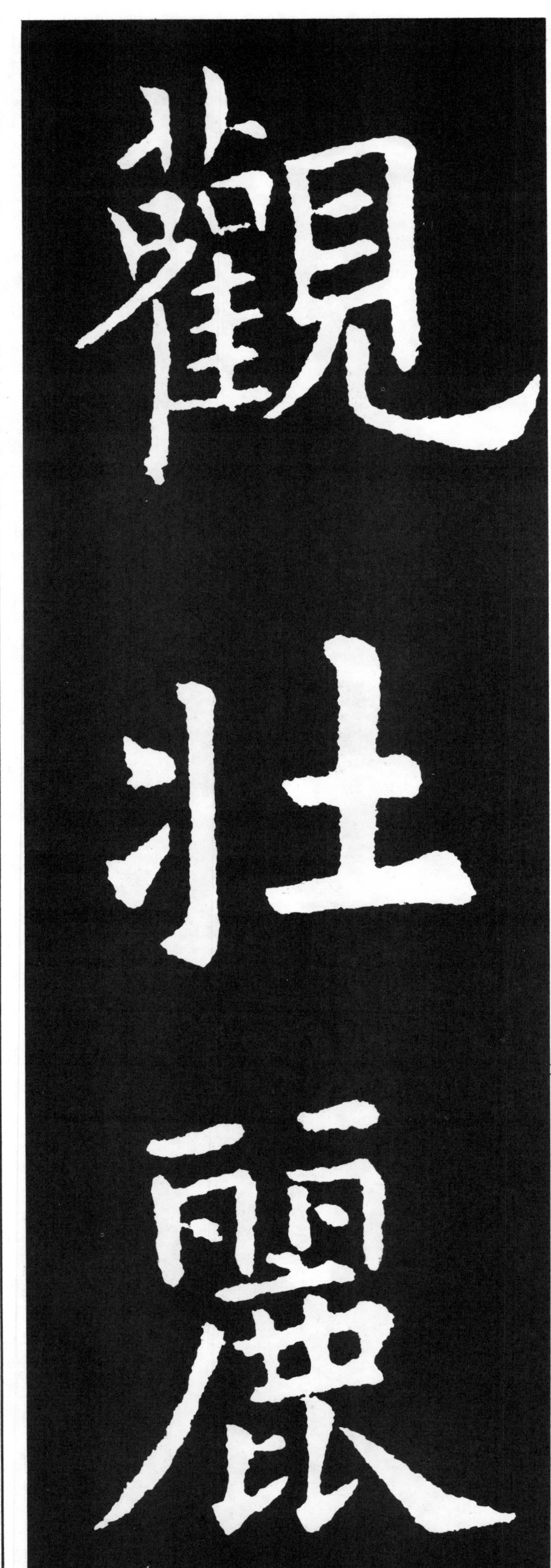

觀

●觀: 볼 관
보일 관
놀 관

壯

●壯: 클 장
굳셀 장
성할 장

麗

●麗: 고울 려
붉을 려
맑을 려

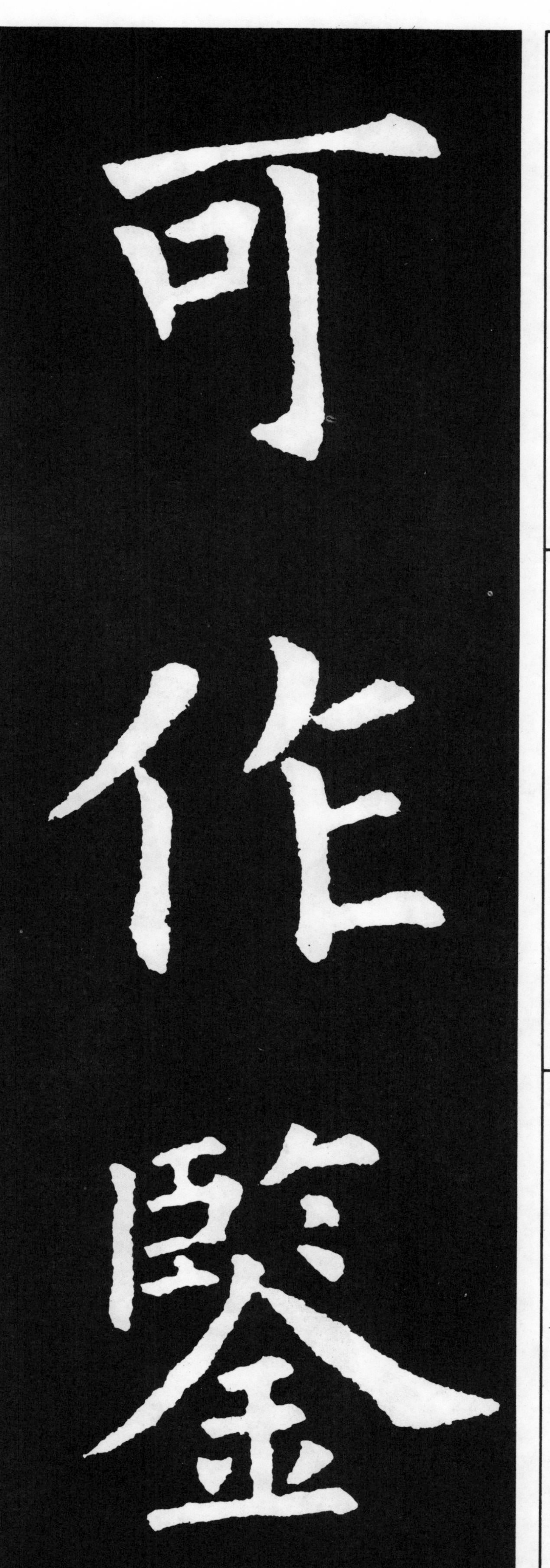

可

●可: 옳을 가
허락할 가
기히 가

作

●作: 지을 작
일할 작
만들 주

鑒

●鑒: 거울 감
볼 감
※鑑과 同字

於

●於 : 어조사 어
탄식할 오

既

●既 : 이미 기
다할 기
마칠 기

住

●住 : 살 주
머무를 주
그칠 주

俯
察
卑

亻 仢 府 俯 俯

●俯: 구부릴 부
엎드릴 부
굽을 부

宀 宀 宂 宊 察

●察: 살필 찰
상고할 찰

罒 田 由 里 卑

●卑: 낮을 비
천할 비

亻 仒 佡 倫 儉

● 儉 : 검소할 검
흉년들 검
가난할 검

口 ㄗ 𠯁 𧾷 足

● 足 : 발 족
흡족할 족
넉넉할 족

二 㐅 乑 𡍮 垂

● 垂 : 드리울 수
거의 수

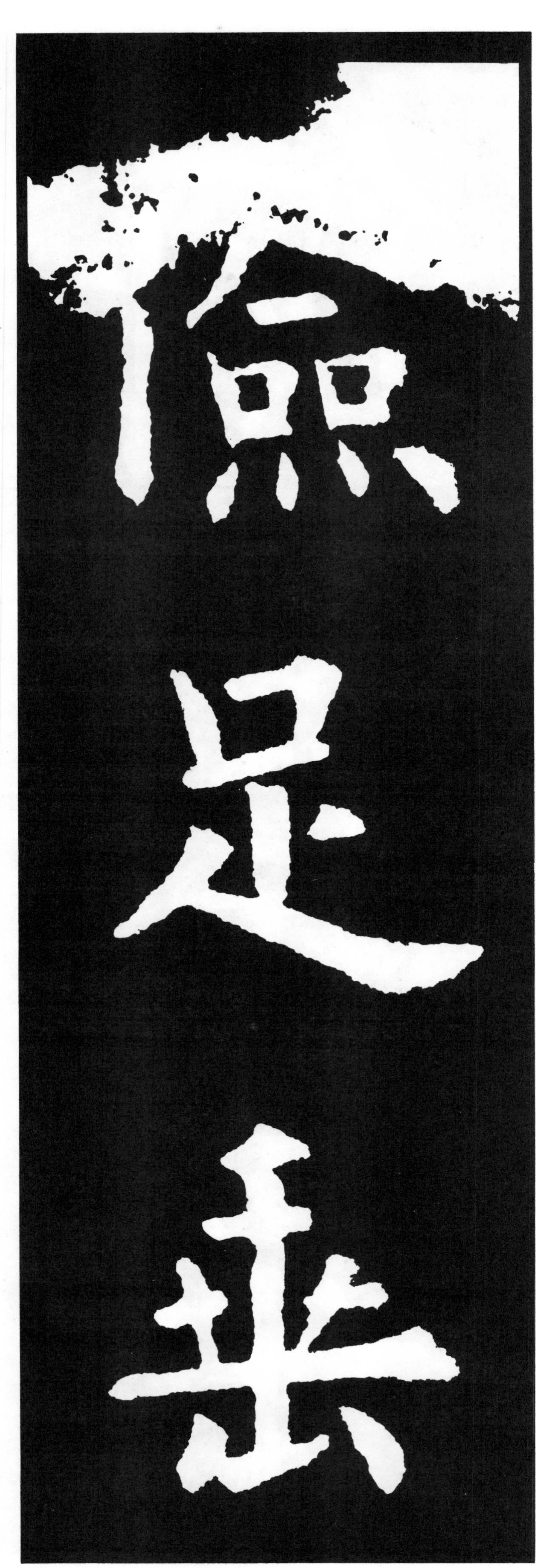

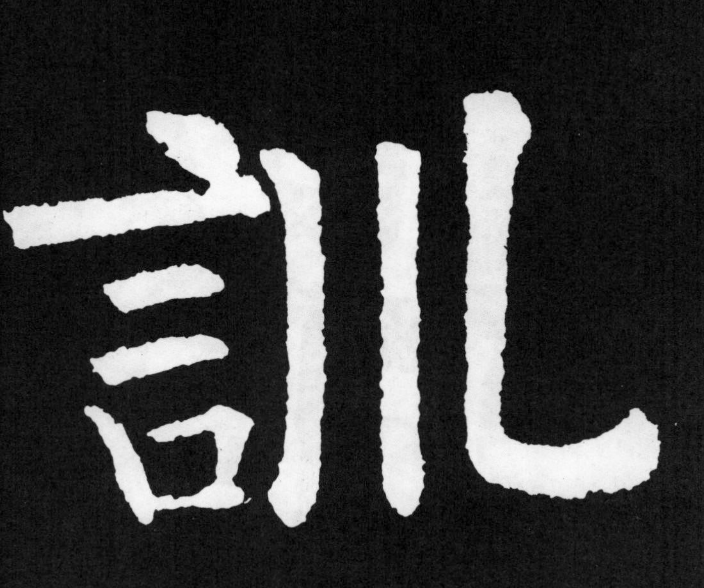

●訓: 가르칠 훈
훈계할 훈
새길 훈

於

●於: 어조사 어
탄식할 오

後

●後: 뒤 후
늦을 후
이을 후

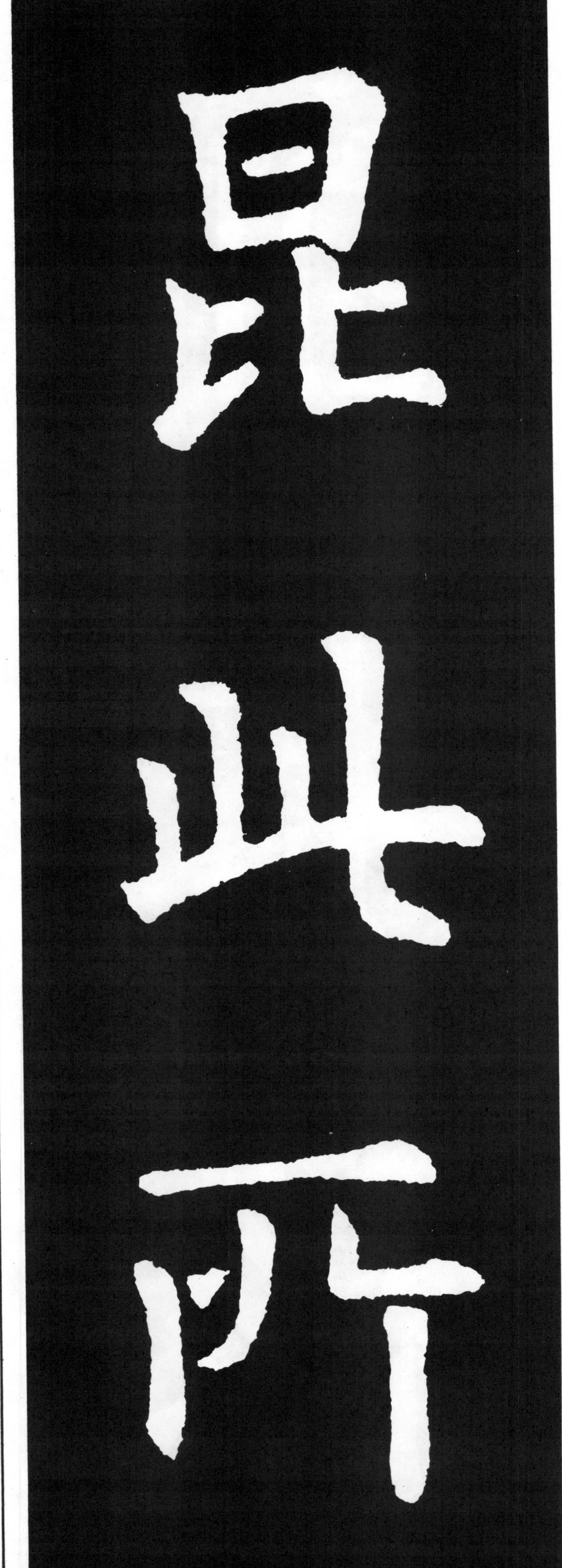

●昆: 맏곤
밝을곤
같을곤

●此: 이차
그칠차
가까울차

●所: 바소
곳소
까닭소

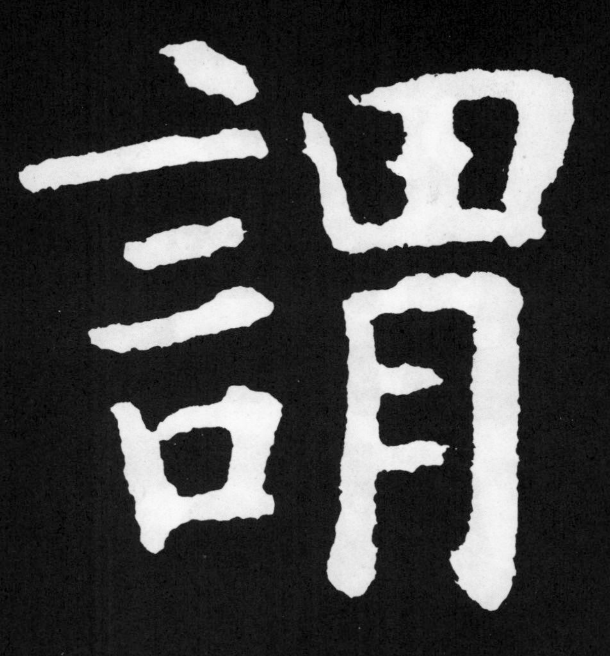

至

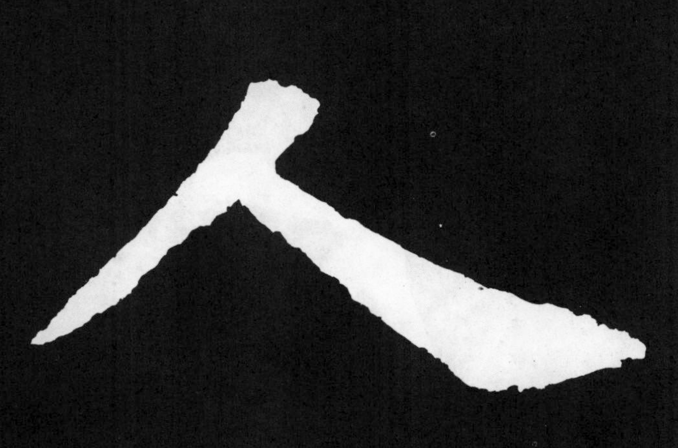

謂

●謂: 이를 위
고할 위
갚을 위

至

●至: 이를 지
올 지
지극할 지

人

●人: 사람 인
남 인
백성 인

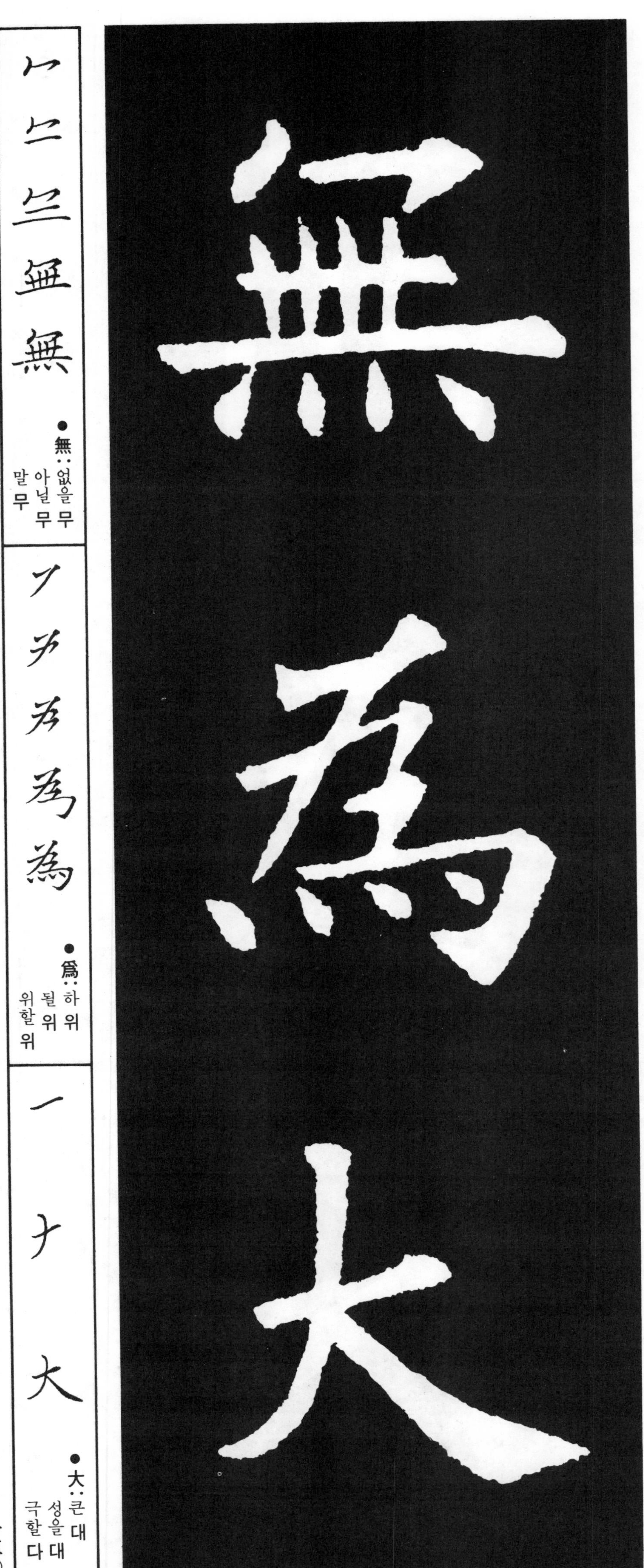
無
●無: 없을 무
아닐 무
말 무
爲
●爲: 하 위
될 위
위할 위
大
●大: 큰 대
성을 대
극할 다

聖不作

聖

●聖: 성인 성
지존할 성
거룩할 성

不

●不: 아니 불
아닌가 부
없을 부

作

●作: 지을 작
일할 작
만들 주

彼竭其

彼

●彼: 저 피
저것 피

竭

●竭: 다할 갈
마를 갈

其

●其: 터 기
어조사 기
그 기

力我享

力 ⼃ 力

●力: 힘 력
힘쓸 력
일할 력

我 二 手 手 手 我

●我: 나 아
우리 아

享 亠 亠 亨 亨 享

●享: 흠향할 향
잔치 향
드릴 향

一 卄 甘 甘 其

●其: 터 기
어조사 기
그 기

一 丅 工 玎 功

●功: 공 공
보람 공

十 土 耂 者 者

●者: 놈 자
어조사 자

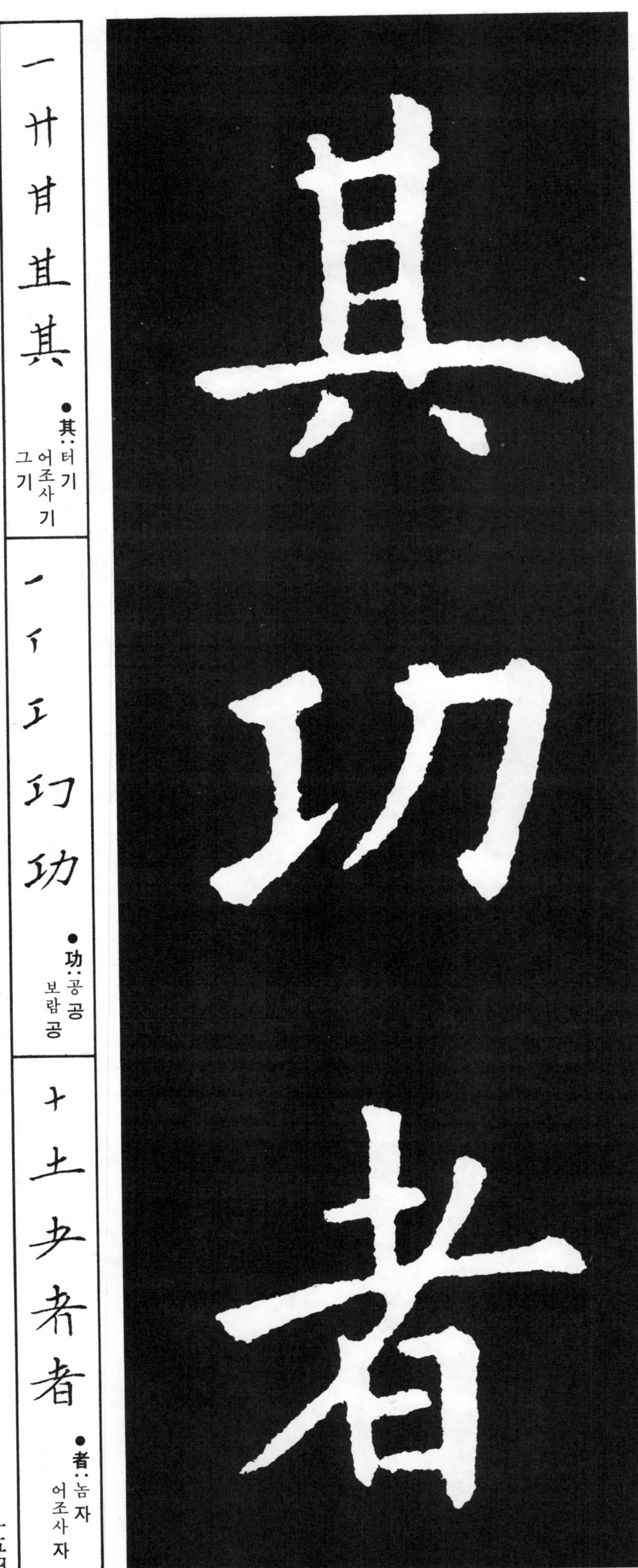

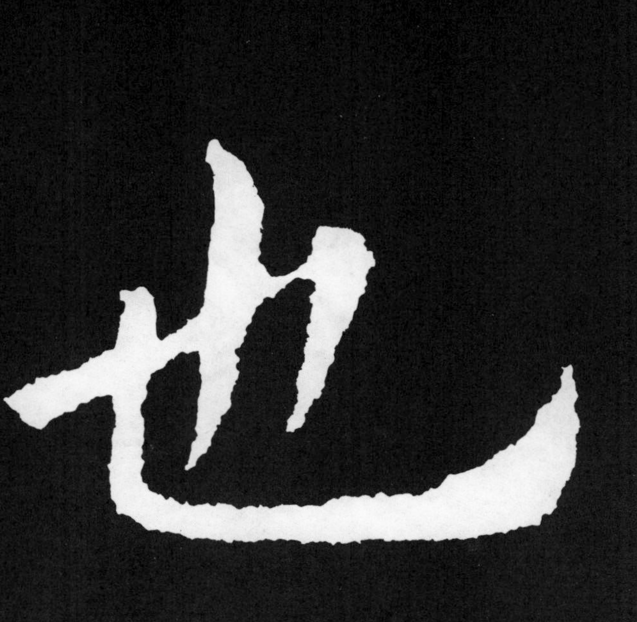

然

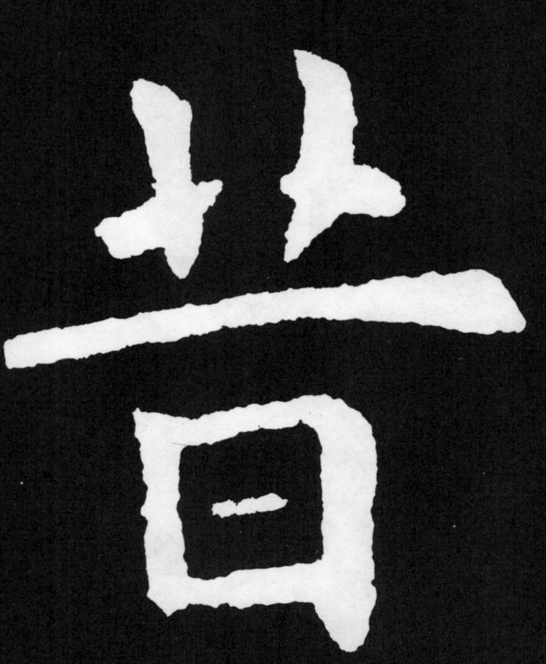

也

●也: 어조사 야
또한 야

然

●然: 그럴 연
응할 연
불사를 연

昔

●昔: 옛 석
밤 석
옛날 석

之

●之: 갈 지
의 지
어조사 지

池

●池: 못 지
성 지

沼

●沼: 늪 소
못 소

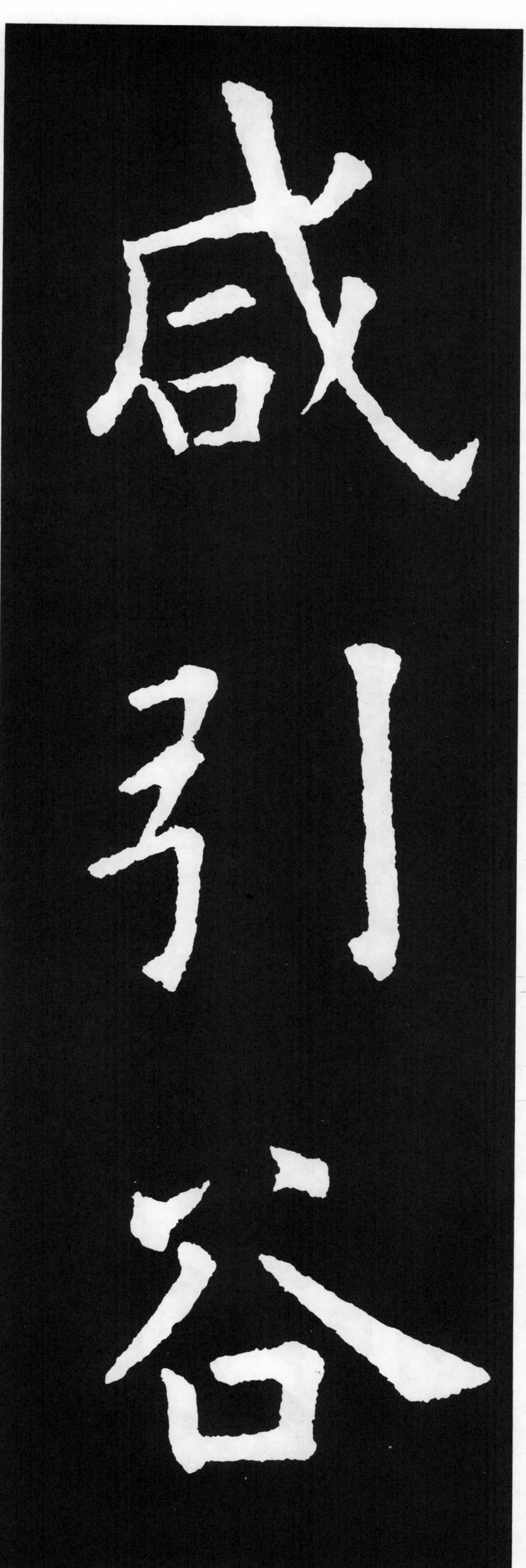

●咸: 다 함
화할 함
같을 함

●引: 이끌 인
짊어질 인
물러갈 인

●谷: 골 곡
골짜기 곡

澗

● **澗**: 넓어 끝없을 한

宮

● **宮**: 집 궁
대궐 궁
궁형 궁

城

● **城**: 성 성
쌓을 성
서울 성

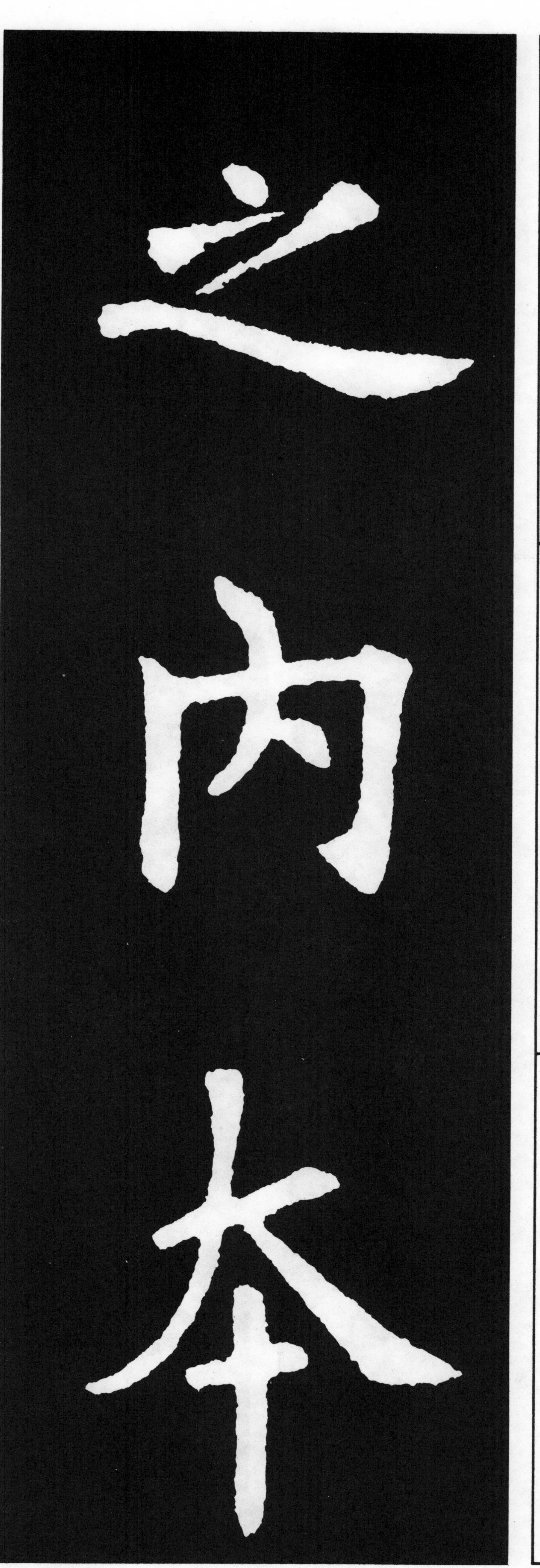

丶 亠 ㇀ 之

●之: 갈 지
의 지
어조사 지

冂 内

●内: 안 내
대궐 내
아내 내

一 ナ 大 太 本

●本: 밑 본
비로소 본
밑천 본

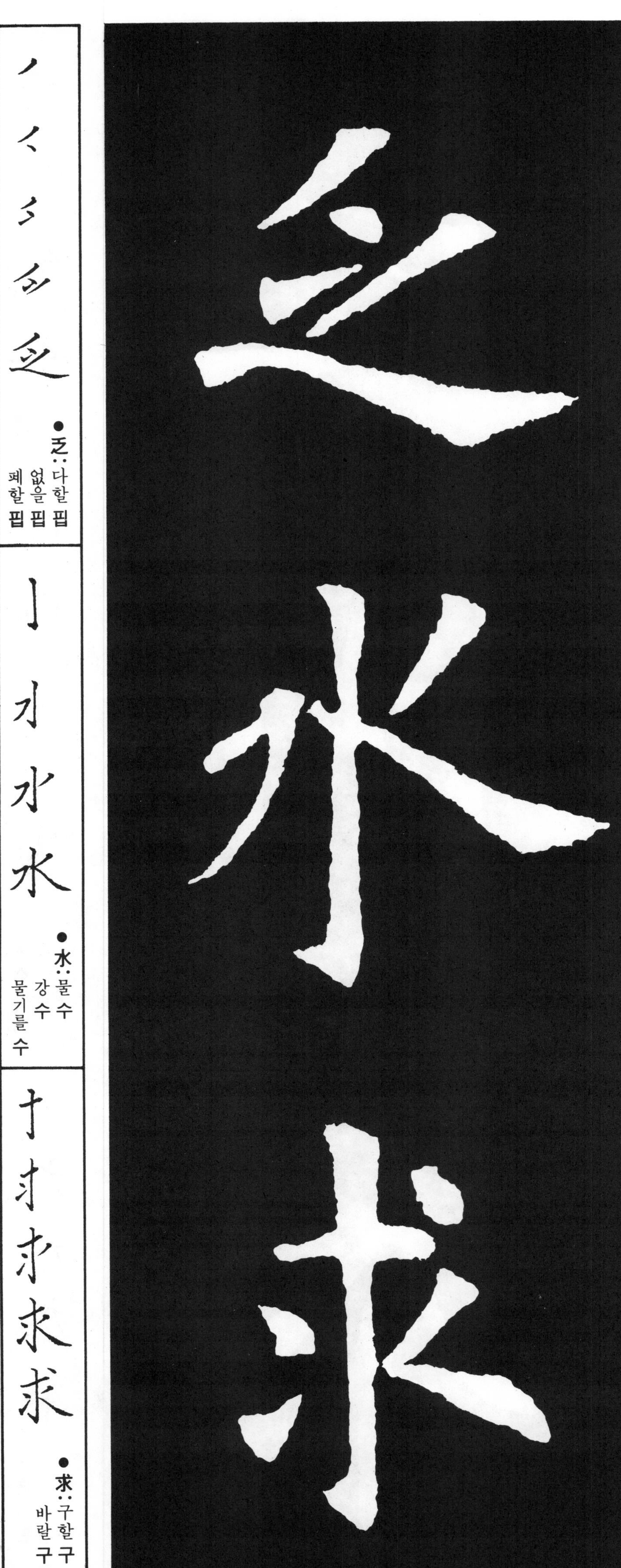

「原」

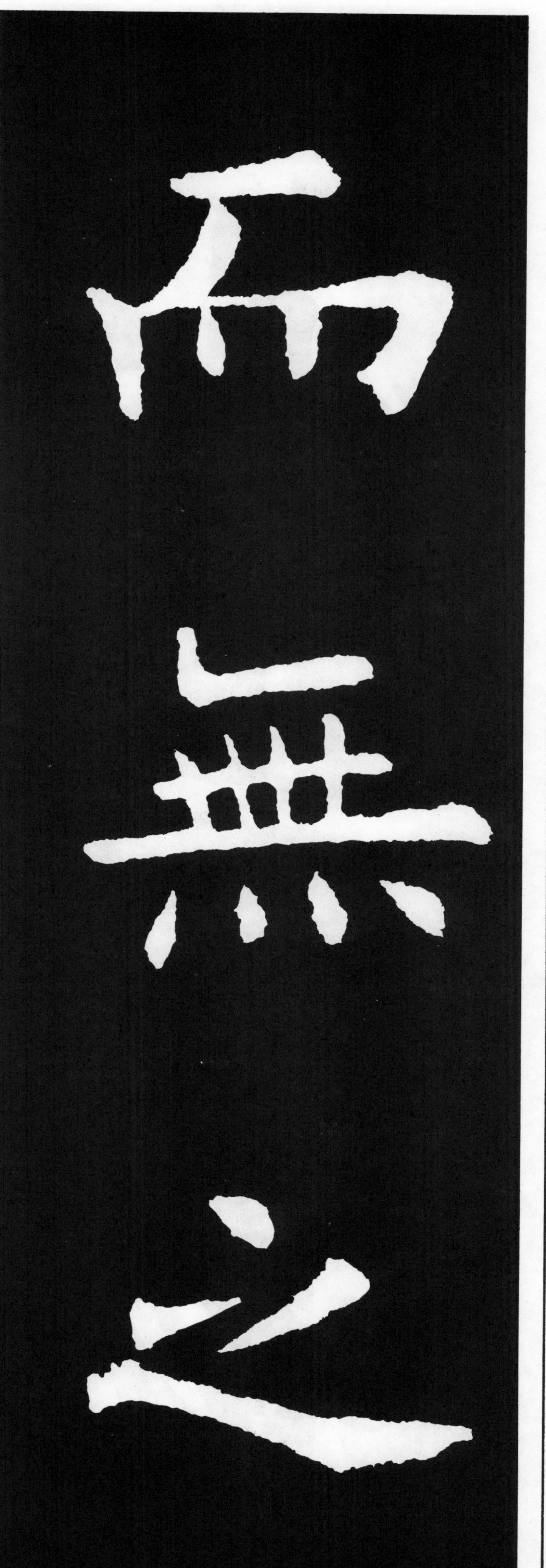

㇒ 丆 丙 而

●而: 말이을 이
어조사 이
같을 이

一 二 三 無 無

●無: 없을 무
아닐 무
말 무

丶 ㇇ 丷 之

●之: 갈 지
의 지
어조사 지

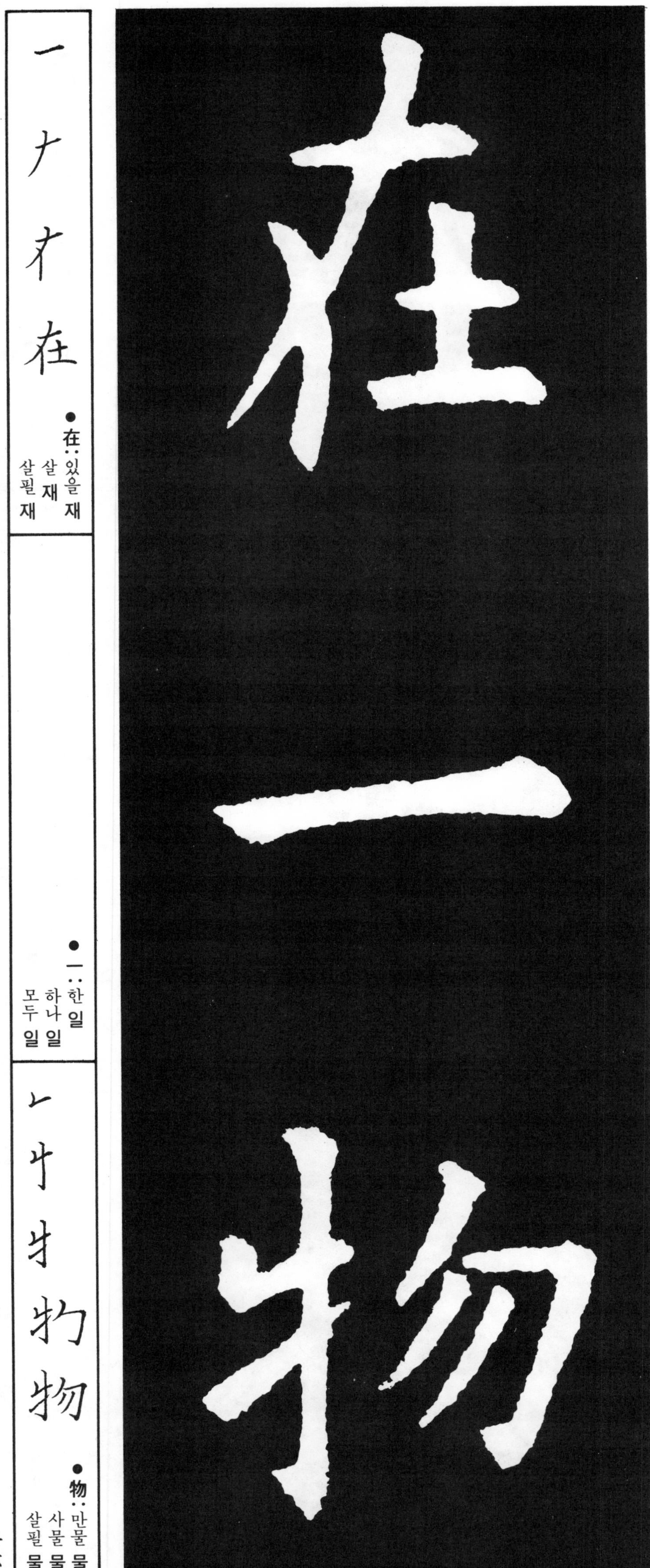

●在: 있을 재
살 재
살필 재

●一: 한 일
하나 일
모두 일

●物: 만물 물
사물 물
살필 물

既

非

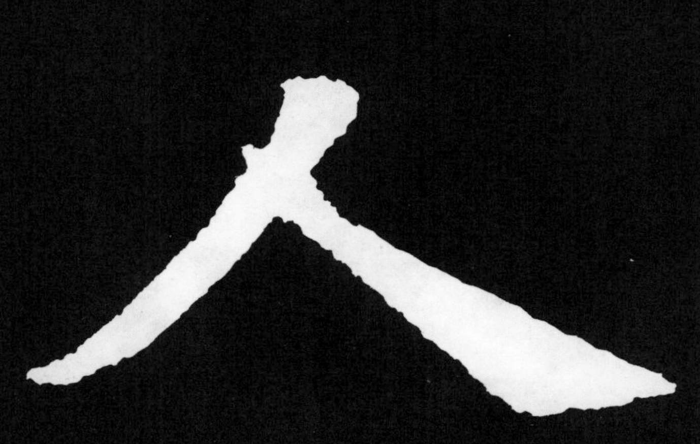

既

●既: 이미 기
다할 기
마칠 기

非

●非: 아닐 비
그를 비
없을 비

人

●人: 사람 인
남 인
백성 인

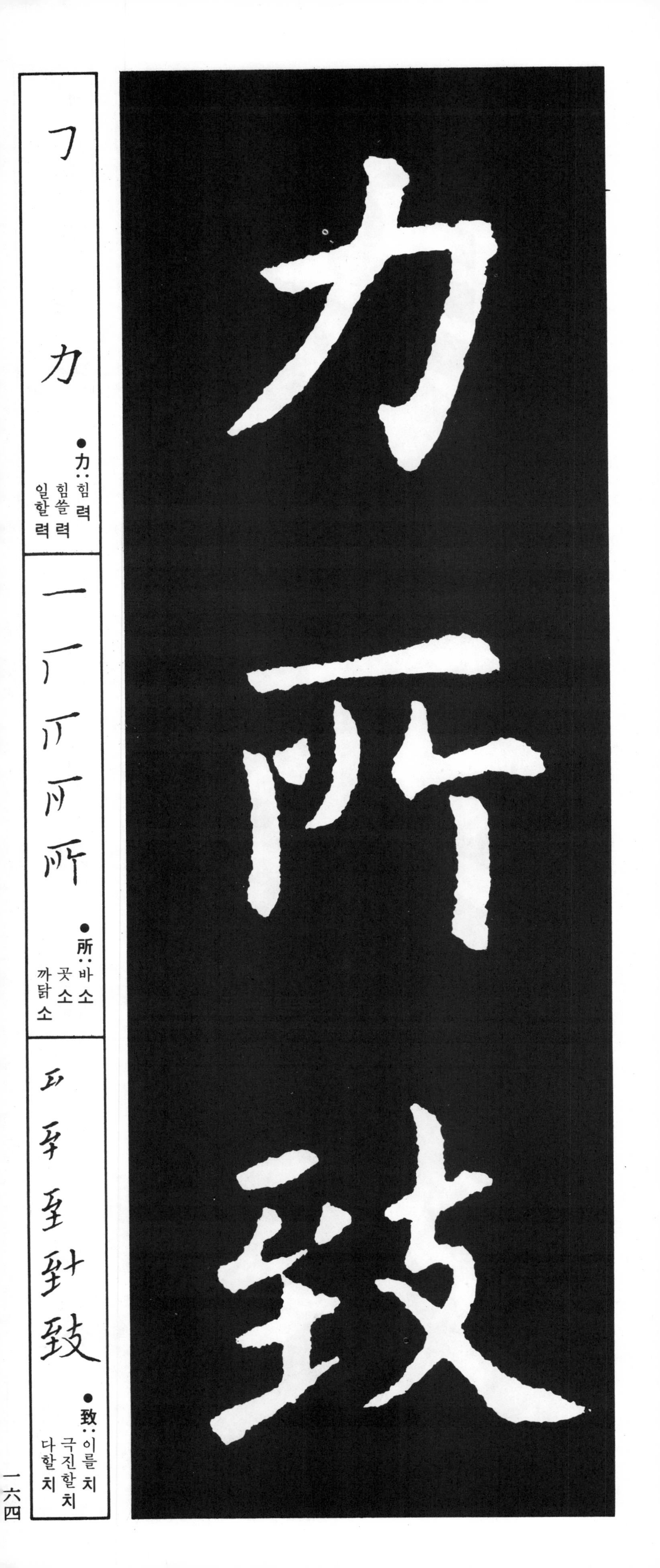

力

●力：힘 력
힘쓸 력
일할 력

所

●所：바 소
곳 소
까닭 소

致

●致：이를 치
극진할 치
다할 치

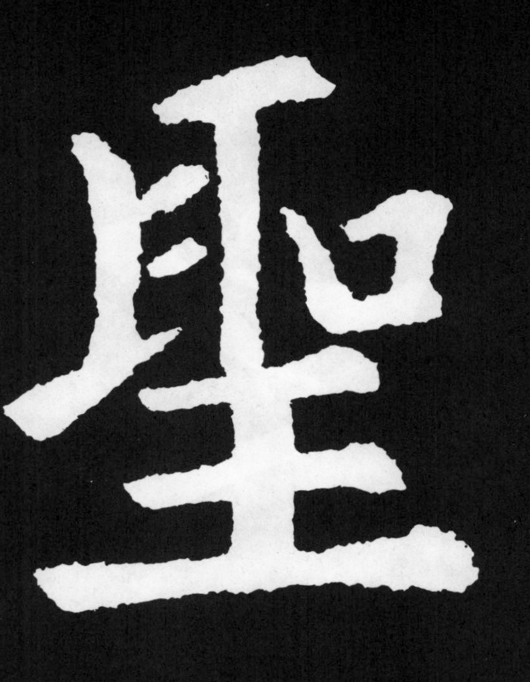

●聖: 성인 성
지존할 성
거룩할 성

心

●心: 마음 심
가운데 심
가늘 심

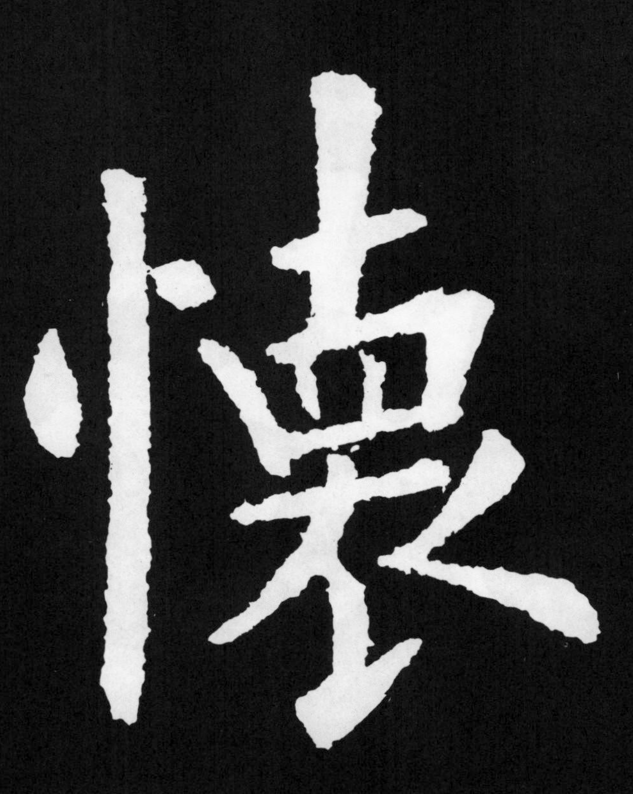

●懷: 쌀 회
품을 회
가슴 회

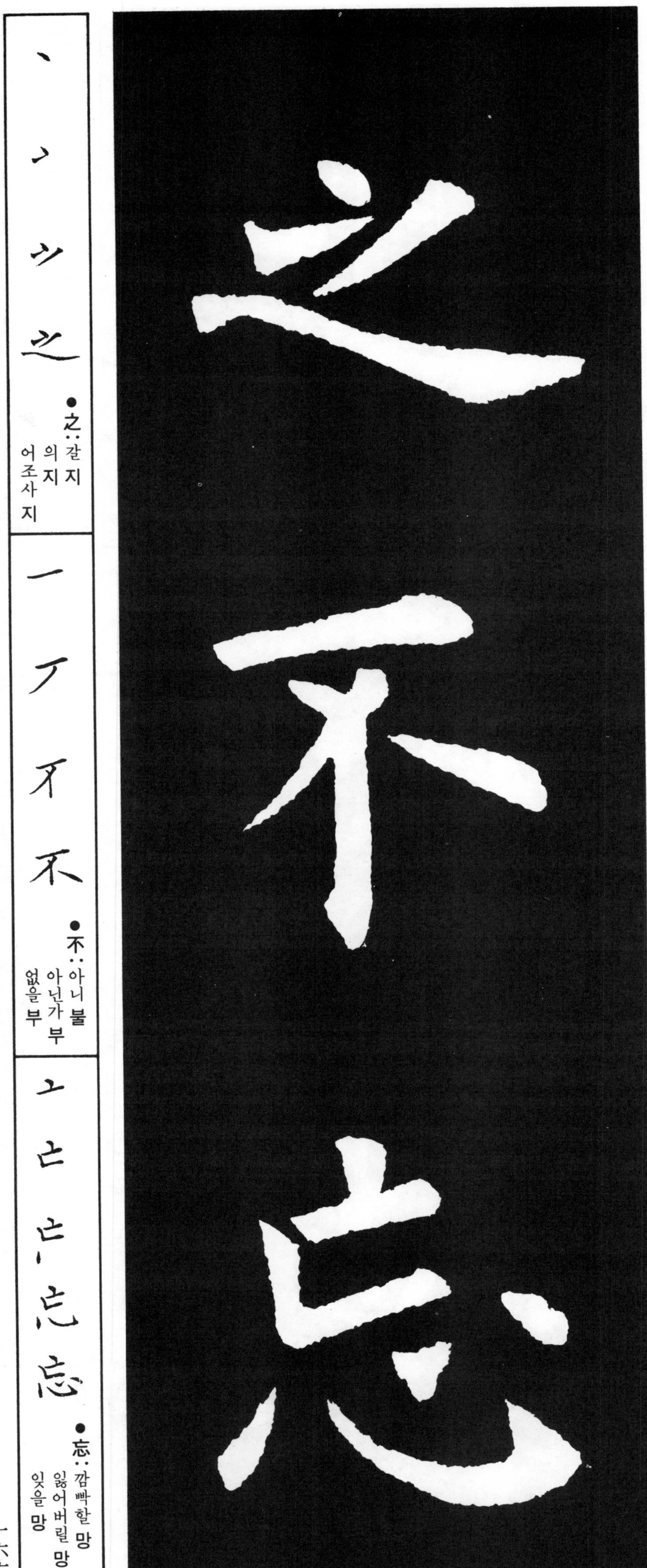

●之: 갈 지
의 지
어조사 지

●不: 아니 불
아닌가 부
없을 부

●忘: 깜빡할 망
잃어버릴 망
잊을 망

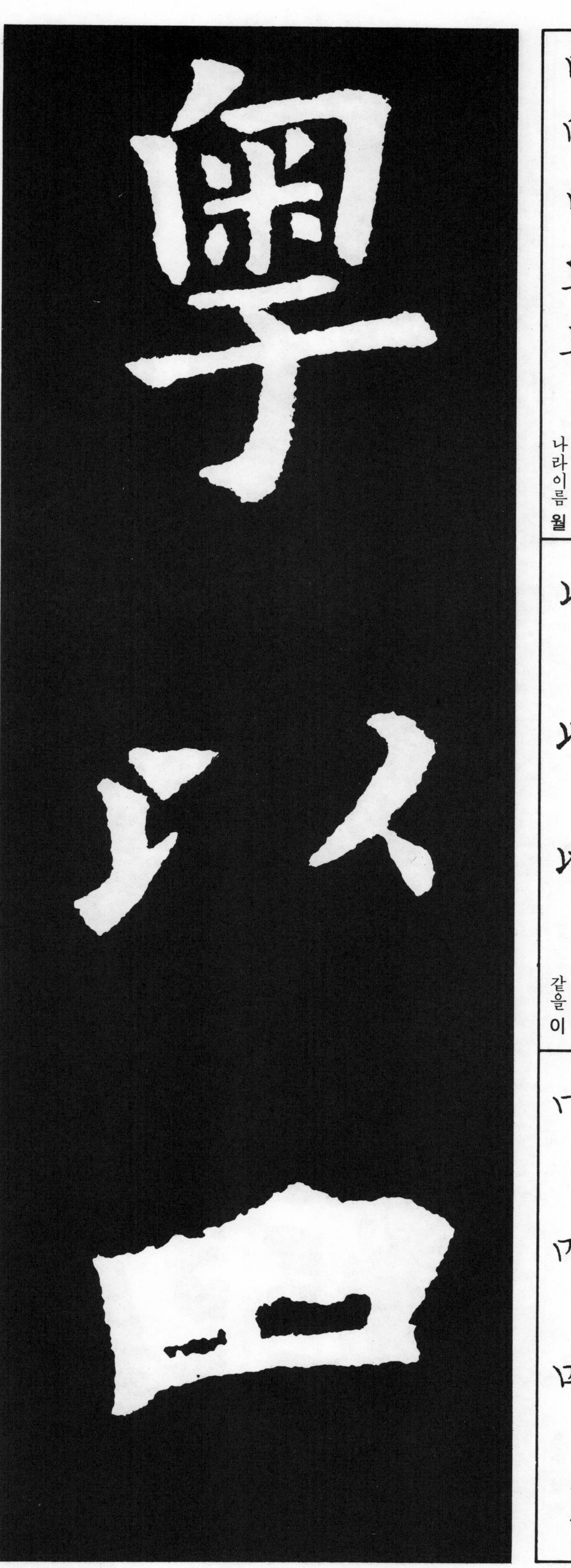

● 粤 : 어조사 월
생각할 월
나라이름 월

● 以 : 써 이
인할 이
같을 이

● 四 : 넉 사
넷 사

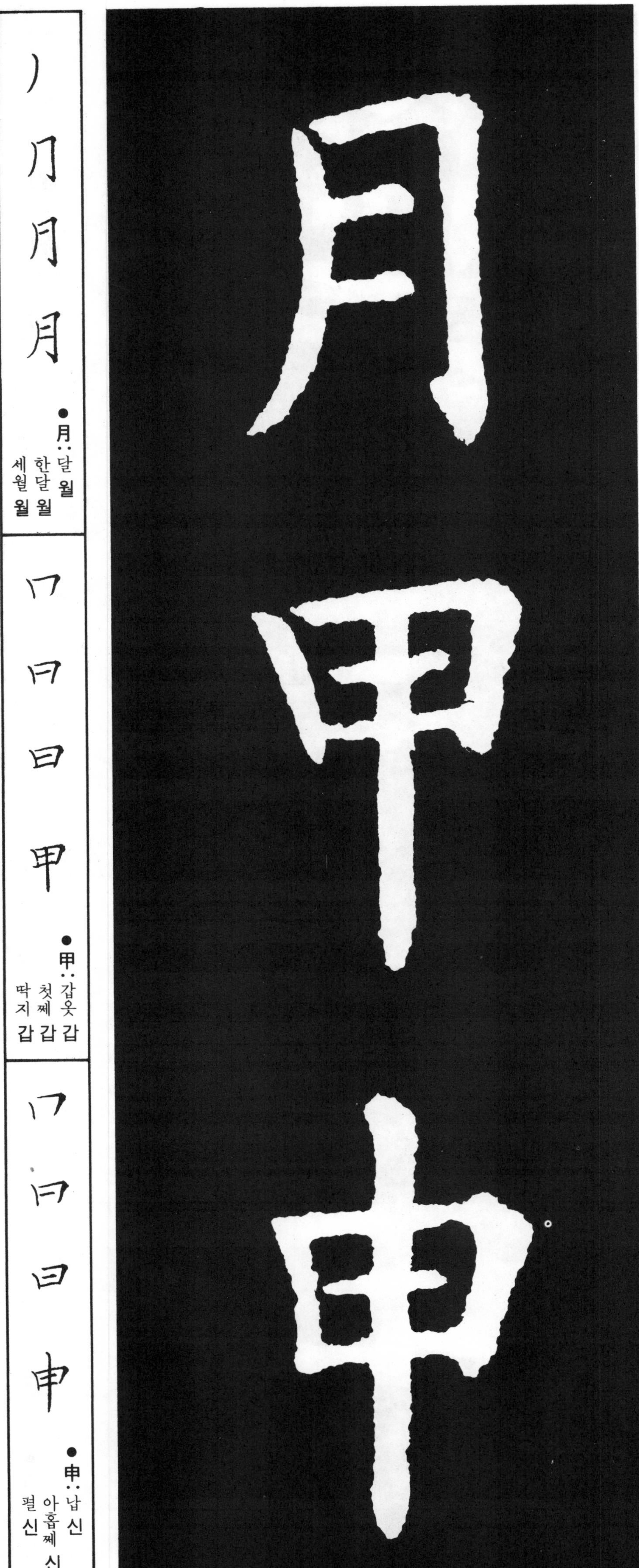

●月: 달 월
한달 월
세월 월

●甲: 갑옷 갑
첫째 갑
딱지 갑

●申: 납 신
아홉째 신
펼 신

朔

一 丅 手 邗 玥

●朔: 초하루날 삭
북방 삭
처음 삭

旬

丿 勹 句 旬

●旬: 열흘 순
두루 순
고를 순

有

丿 ナ 有 有

●有: 있을 유
가질 유
어떤 유

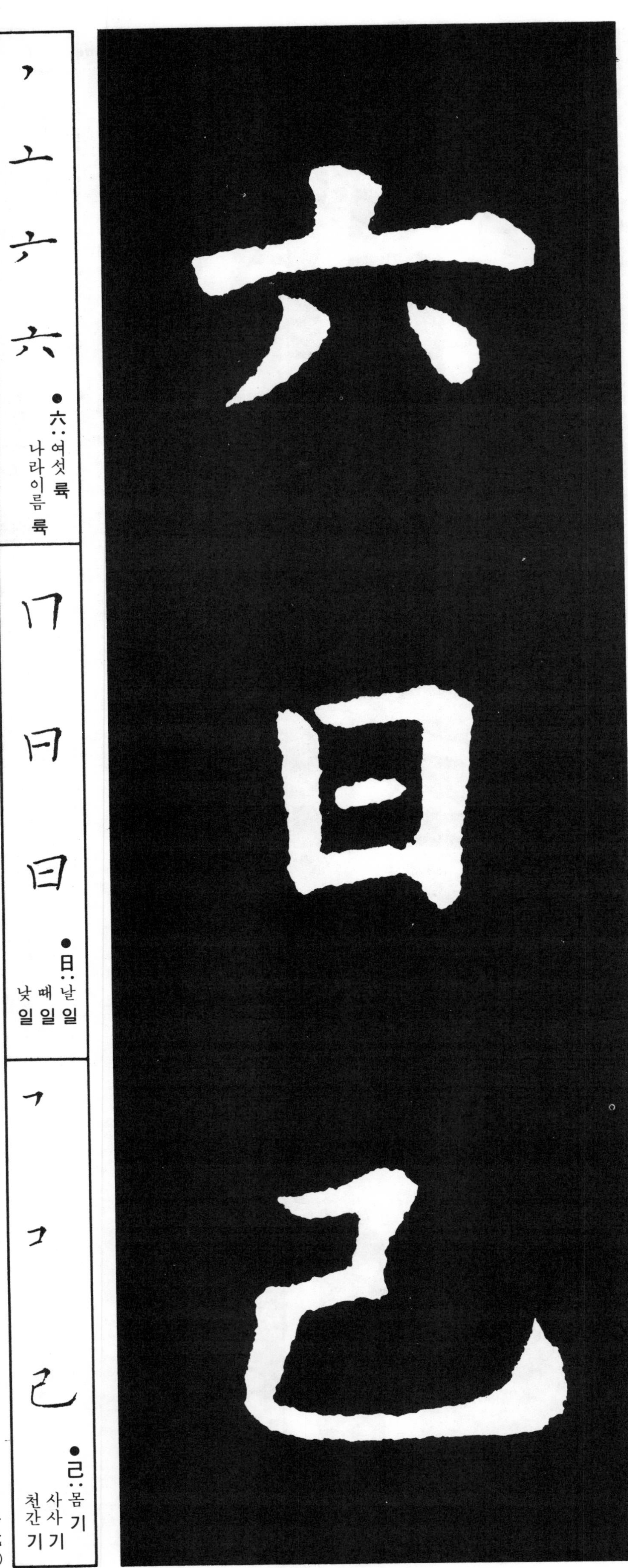

●六: 여섯 륙
나라이름 륙

●日: 날 일
때 일
낮 일

●己: 몸 기
사사 기
천간 기

亥

●亥: 돼지 해 / 지지 해 / 해시 해

上

●上: 윗 상 / 임금 상 / 높을 상

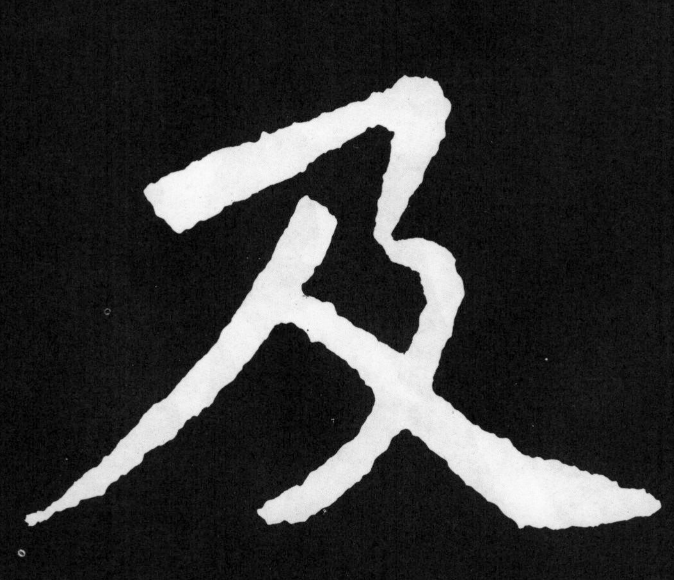

●及: 미칠 급 / 이를 급

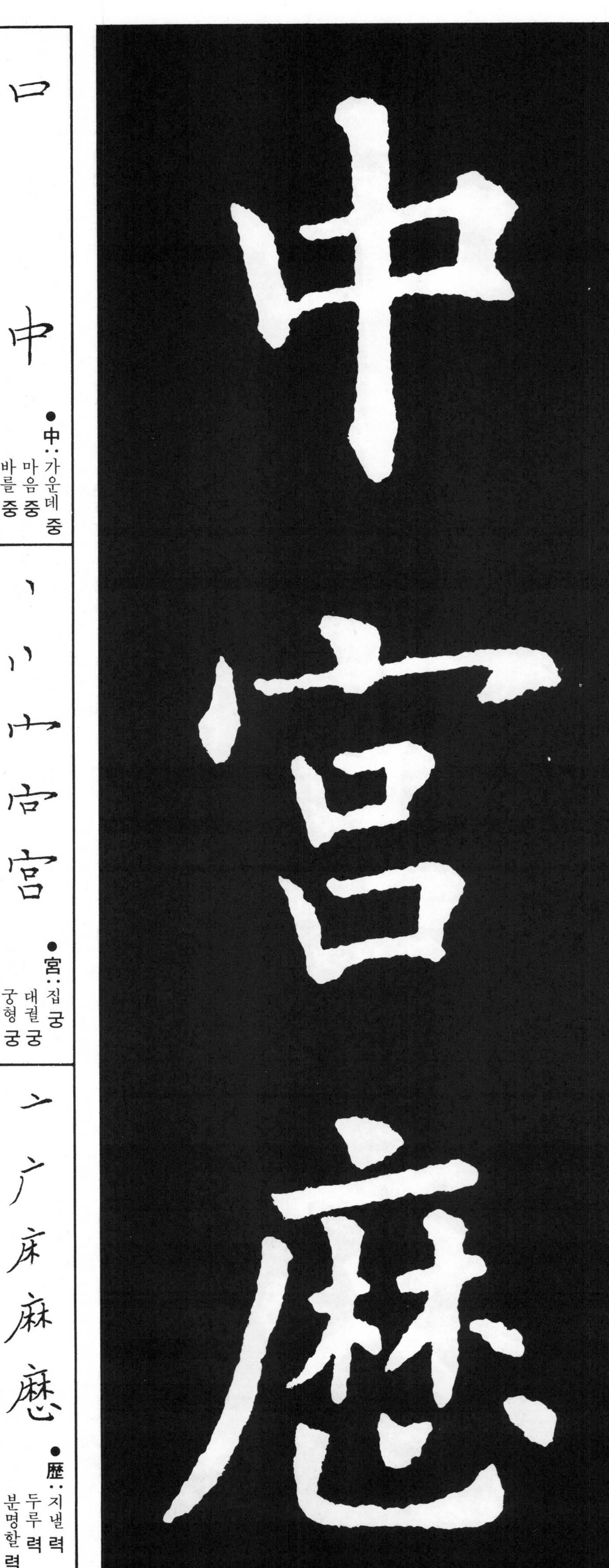

●中: 가운데 중
마음 중
바를 중

●宮: 집 궁
대궐 궁
궁형 궁

●歷: 지낼 력
두루 력
분명할 력

覽臺觀

● 覽: 볼 람
두루볼 람

● 臺: 돈대 대
누각 대
관청 대

● 觀: 볼 관
보일 관
놀 관

●閑: 한가할 한
등한할 한
마굿간 한

●步: 걸음 보
보 보
운수 보

●西: 서녘 서
서쪽 서
서양 서

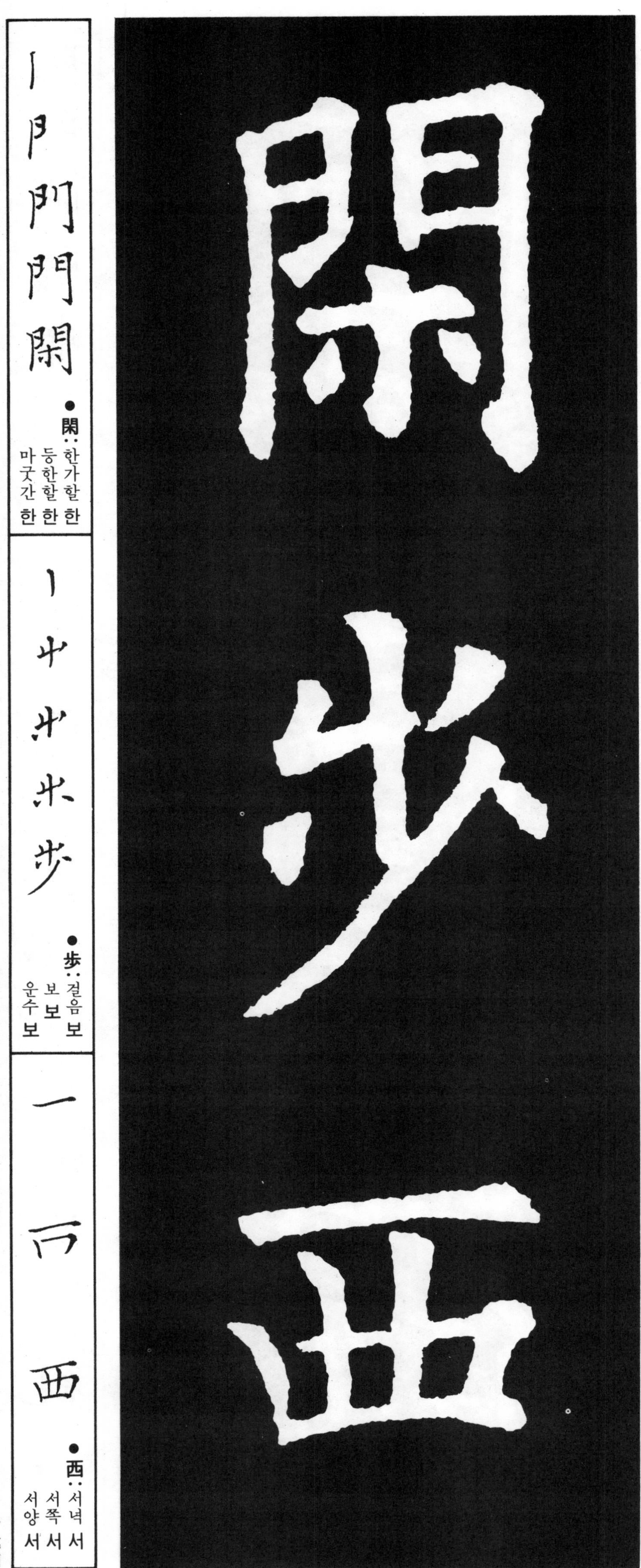

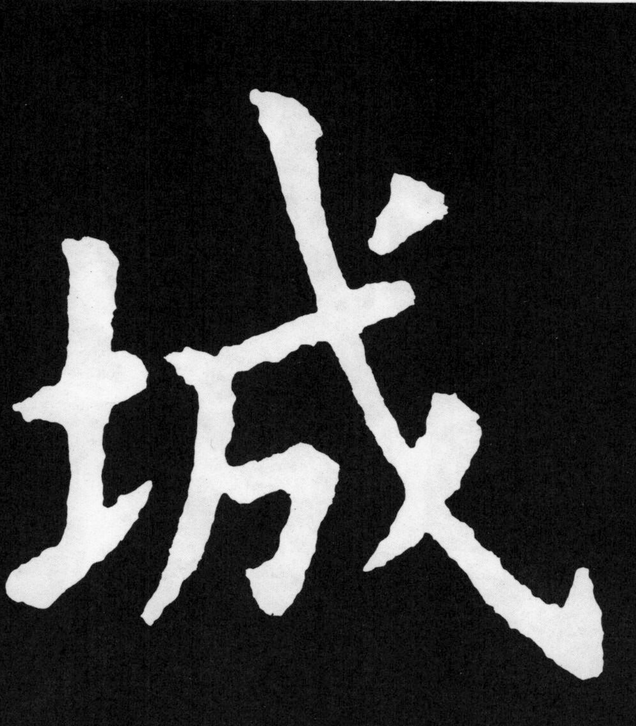

土 圸 坊 城 城

●城: 재성
성성

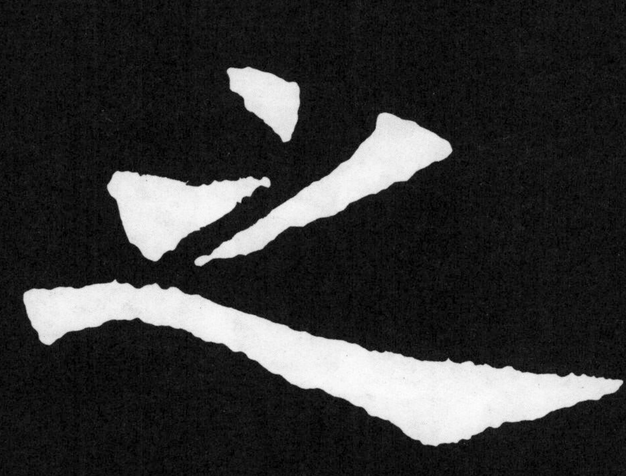

丶 丷 之

●之: 갈지
의지
어조사지

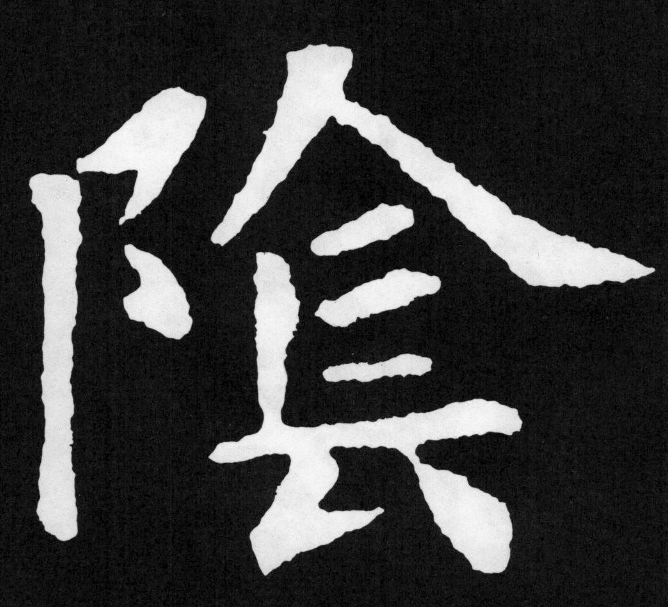

阝 阝 阾 陰 陰

●陰: 음기음
음달음
그늘음

躇 高 閣

躇 ●躇: 머뭇거릴 저

高 ●高: 높을 고 비쌀 고 성 고

閣 ●閣: 다락집 각 싫을 각 내각 각

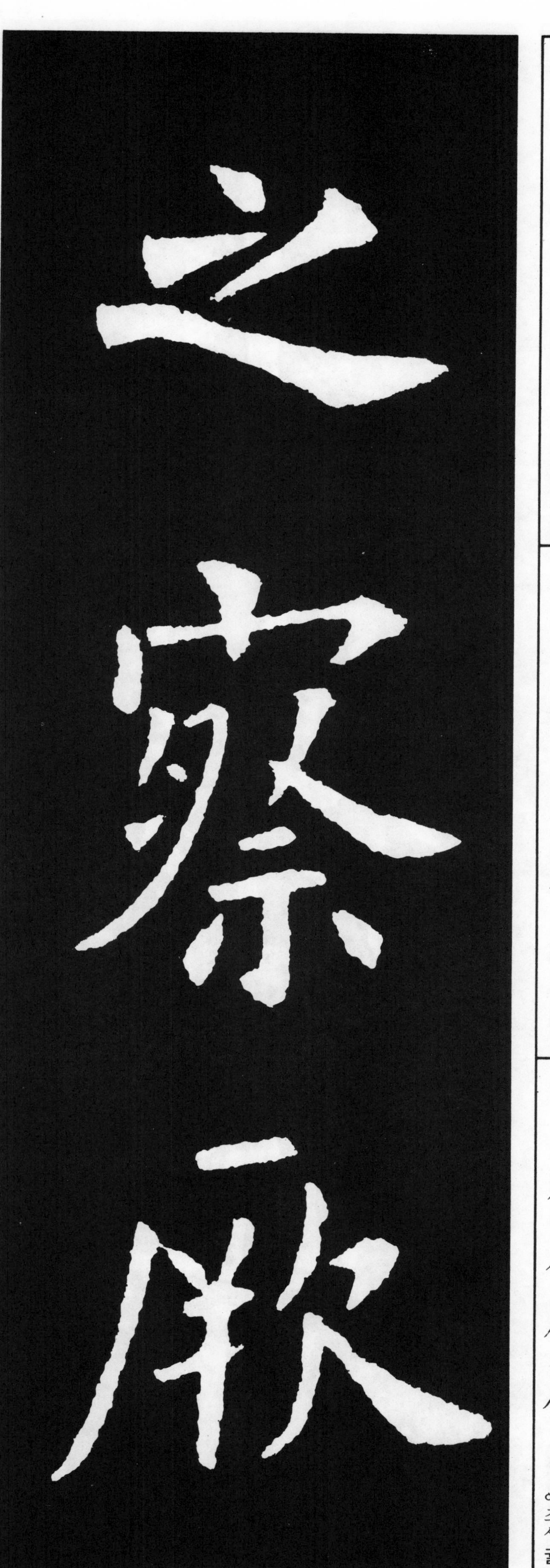

之

●之: 갈 지
의 지
어조사 지

察

●察: 살필 찰
상고할 찰

厥

●厥: 그 궐
짧을 궐
어조사 궐

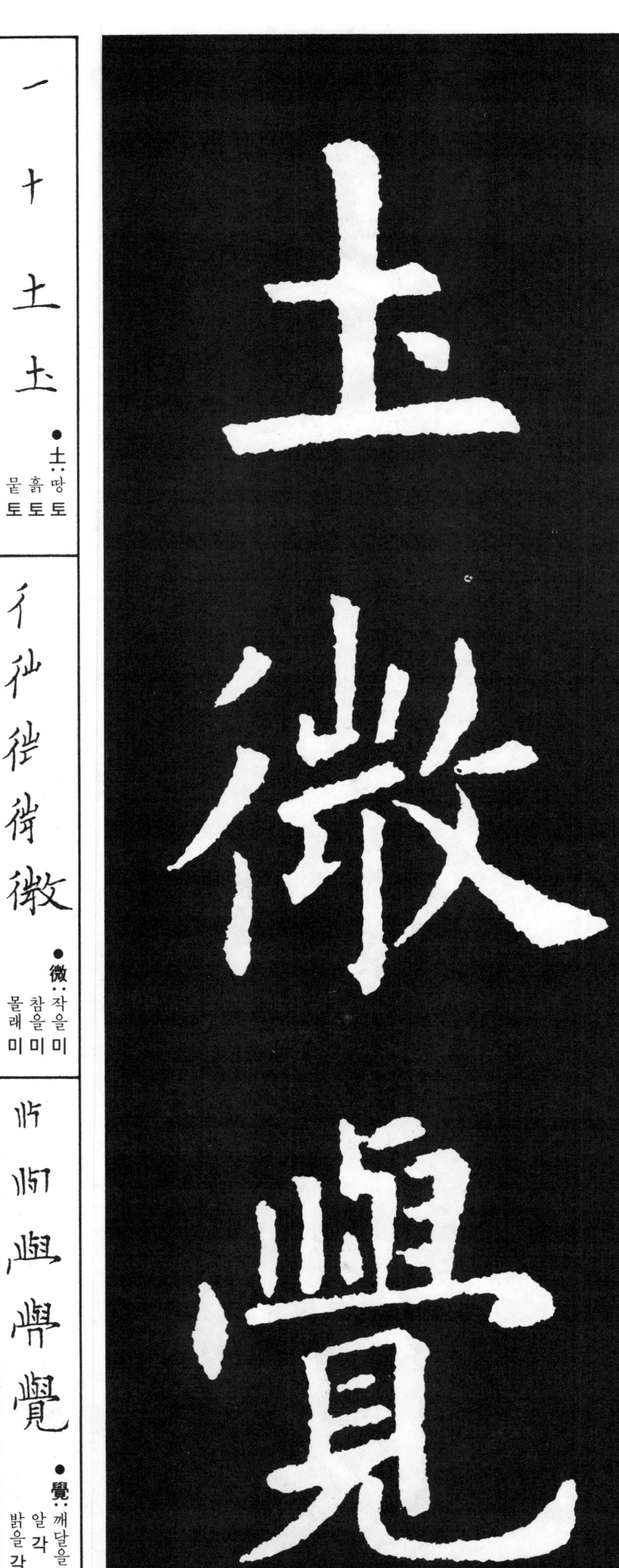

●土: 땅 토
흙 토
뭍 토

●微: 작을 미
참을 미
몰래 미

●覺: 깨달을 각
알 각
밝을 각

有潤因

ノ ナ 有

●有: 있을 유
취할 유
만물 유

氵 沪 澗 澗 潤

●潤: 불을 윤
꾸밀 윤
더할 윤

丨 冂 冃 囙

●因: 인할 인
말미암을 인
근본 인

而 以 杖

而

●而: 말이을 이
어조사 이
같을 이

以

●以: 써 이
인할 이
같을 이

杖

●杖: 지팡이 장
몽둥이 장
가질 장

導之有

䒑 首 道 導 𨘢

● 導: 인도할 도
끌 도

丶 丷 之

● 之: 갈 지
의 지
어조사 지

丿 𠂇 有

● 有: 있을 유
가질 유
어떤 유

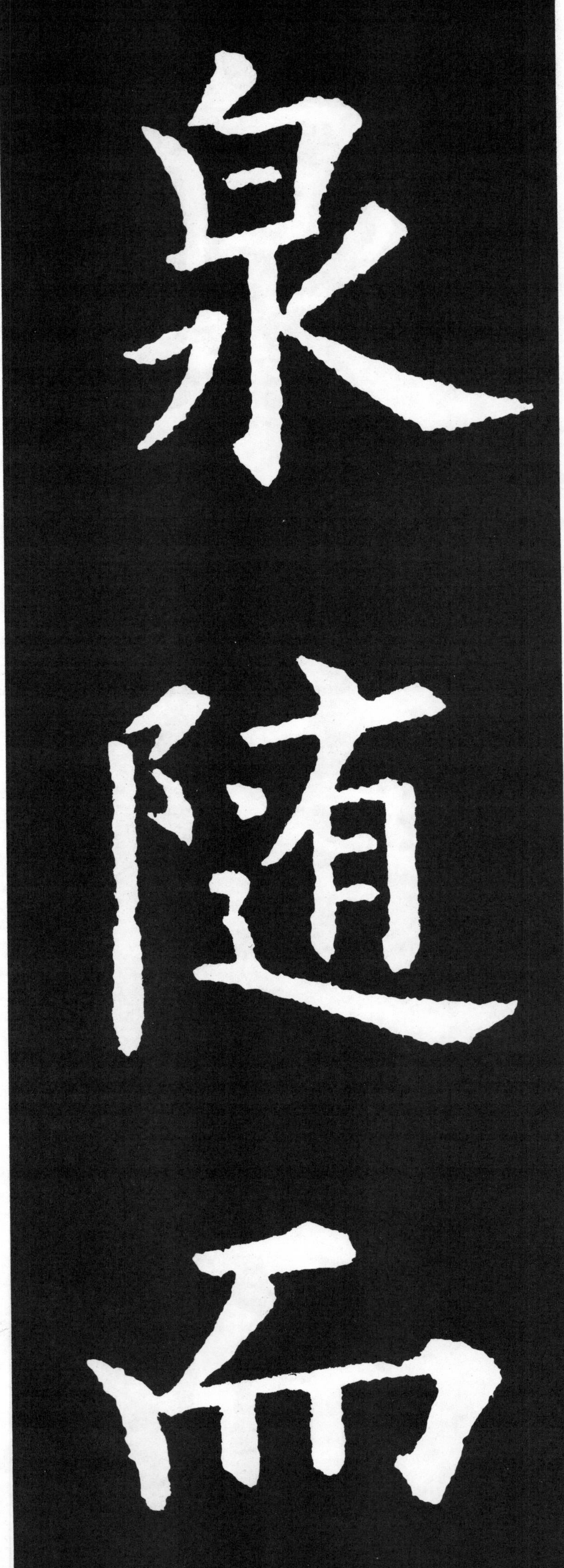

● 泉: 샘 천
돈 천

● 随: 좇을 수
마를 수
※ 隨의 略字

● 而: 말이을 이
어조사 이
같을 이

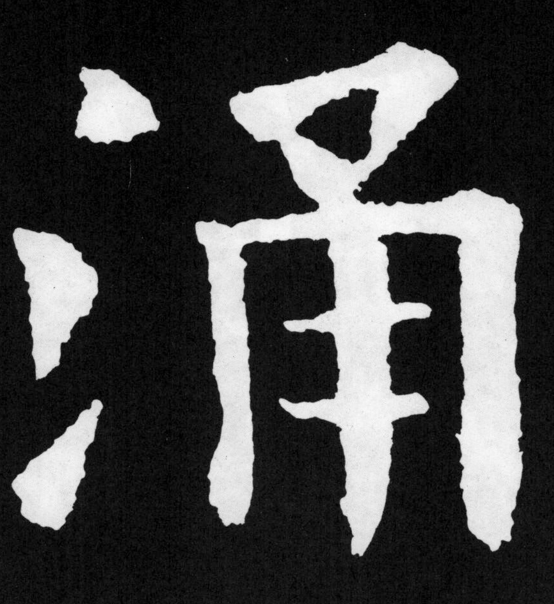

出

乃

涌

●涌: 날칠 용
물넘칠 용

出

●出: 날 출
나갈 출
뛰어날 출

乃

●乃: 이에 내
너 내
접때 내

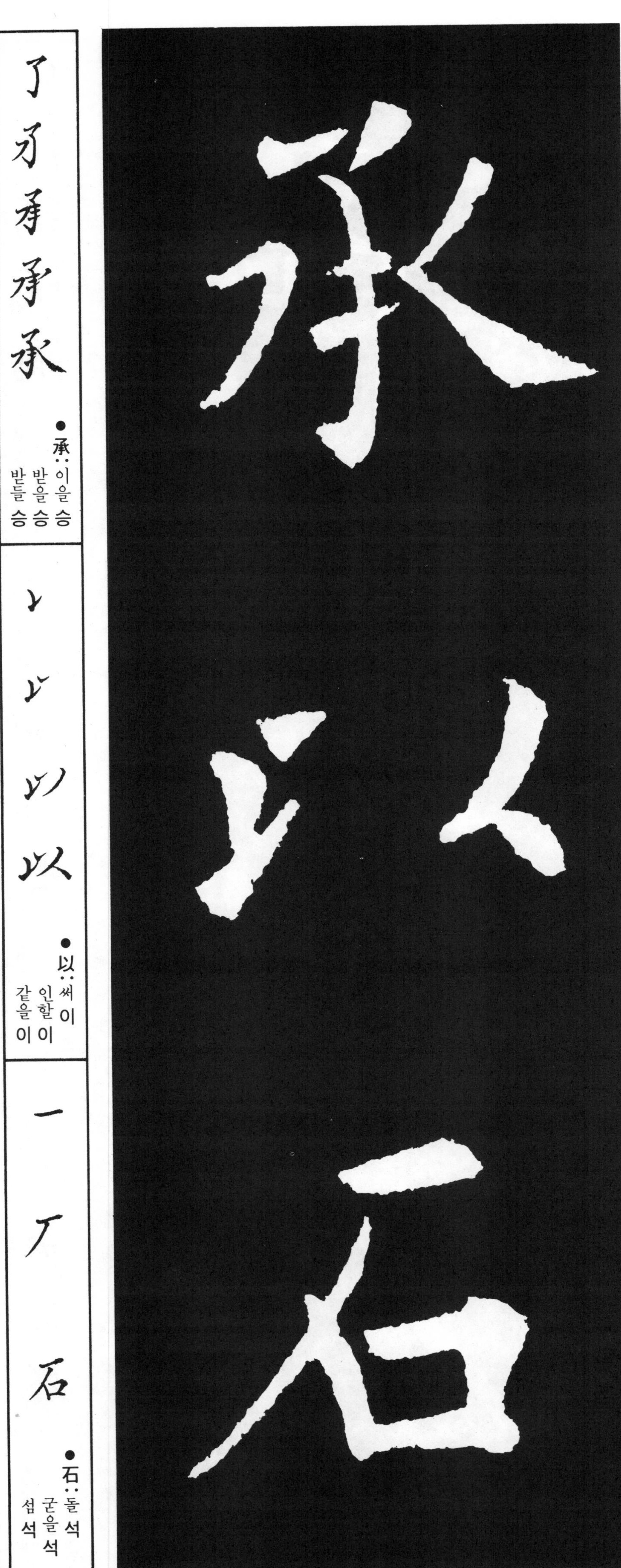

● 承: 이을 승 받을 승 받들 승

● 以: 써 이 인할 이 같을 이

● 石: 돌 석 굳을 석 섬 석

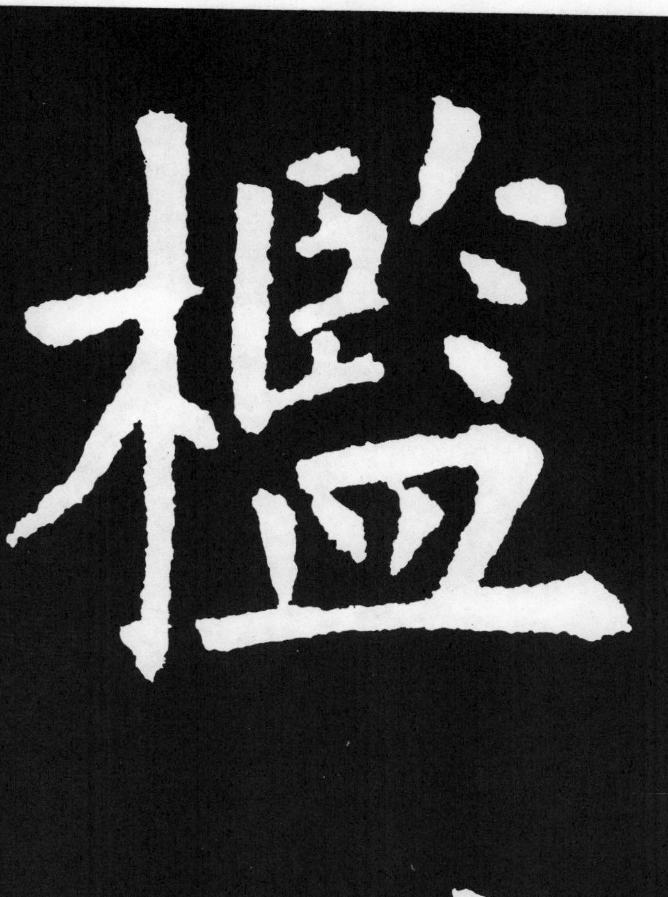

●檻: 난간 함
우리 함

●引: 이끌 인
짊어질 인
물러갈 인

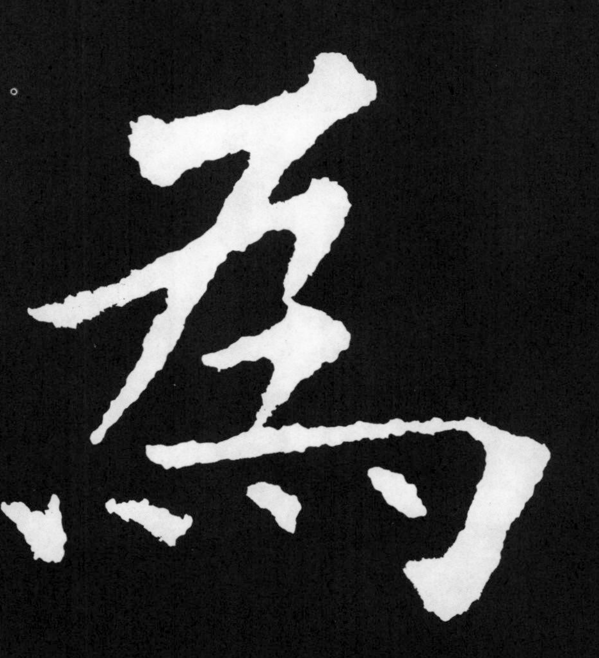

●爲: 하 위
될 위
위할 위

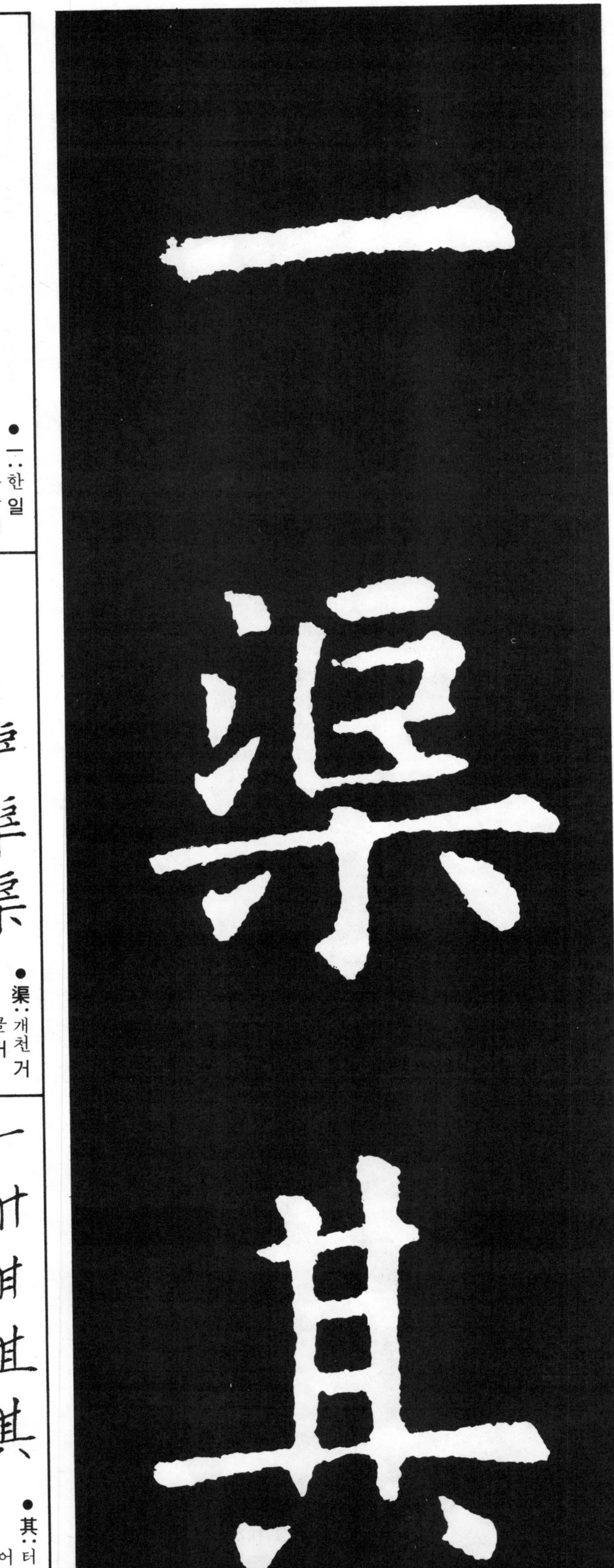

●一：한 일
하나 일
모두 일

●渠：개천 거
클 거
저 거

●其：터 기
어조사 기
그 기

清若鏡

●清: 맑을 청
정결할 청
푸를 청

●若: 괴로울 고
쓸 고
가난할 고

●鏡: 거울 경
비칠 경
살필 경

口 口二 吋 味 味

●味: 맛미
재미미
다울미

一 廿 廿 甘

●甘: 달감
맛좋을감

く 夂 女 如 如

●如: 같을여
어찌여
어조사여

味甘如

醴

南

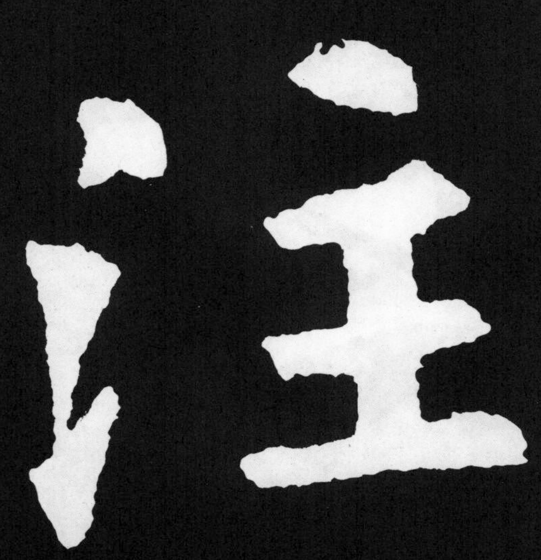

醴

●醴: 단술 례
단샘 례

南

●南: 남녘 남
남쪽 남
임금 남

注

●注: 물댈 주
주의할 주
기록할 주

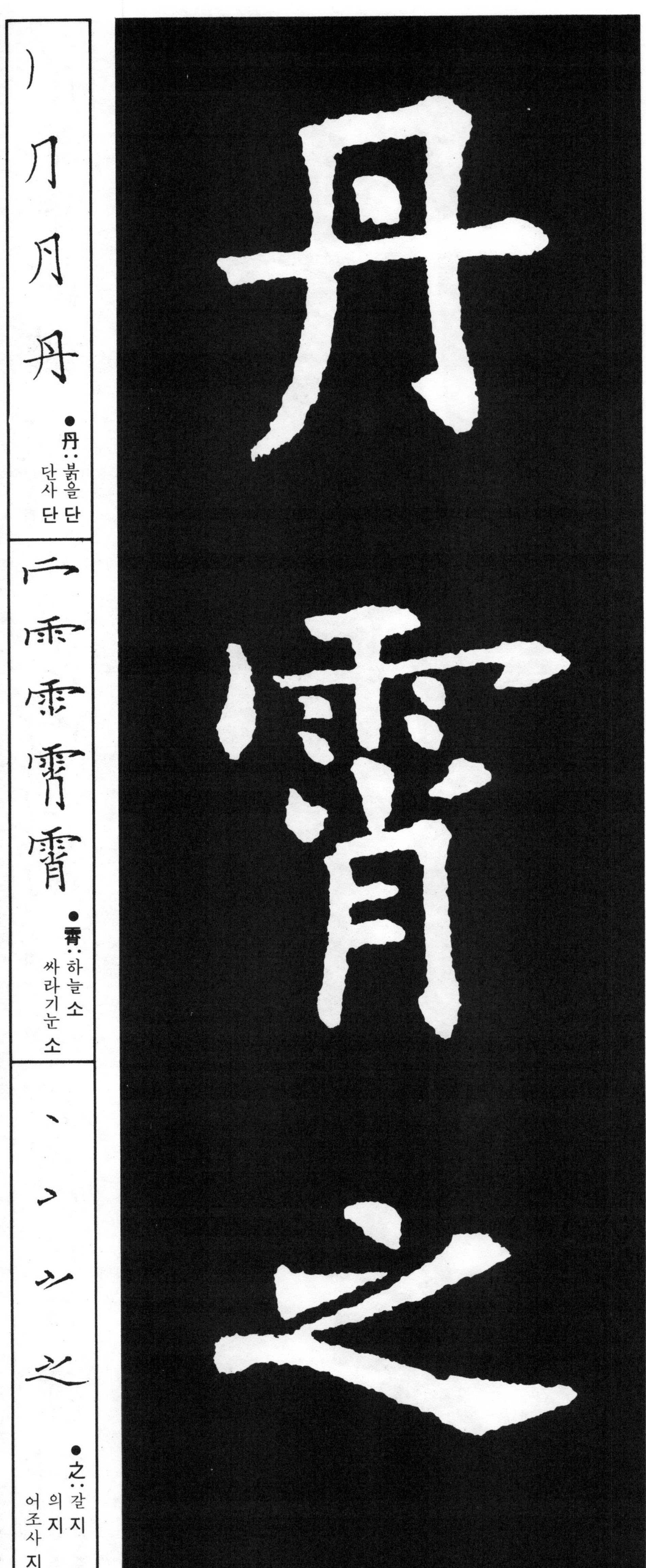
丹
霄
之
●丹: 붉을 단
단사 단
●霄: 하늘 소
싸라기눈 소
●之: 갈 지
의 지
어조사 지

右東度

丿 ナ 右

●右: 오른쪽 우
숭상할 우

一 百 申 車 東

●東: 동녘 동
움직일 동
봄 동

亠 广 户 庐 度

●度: 법도 도
자 도
헤아릴 도

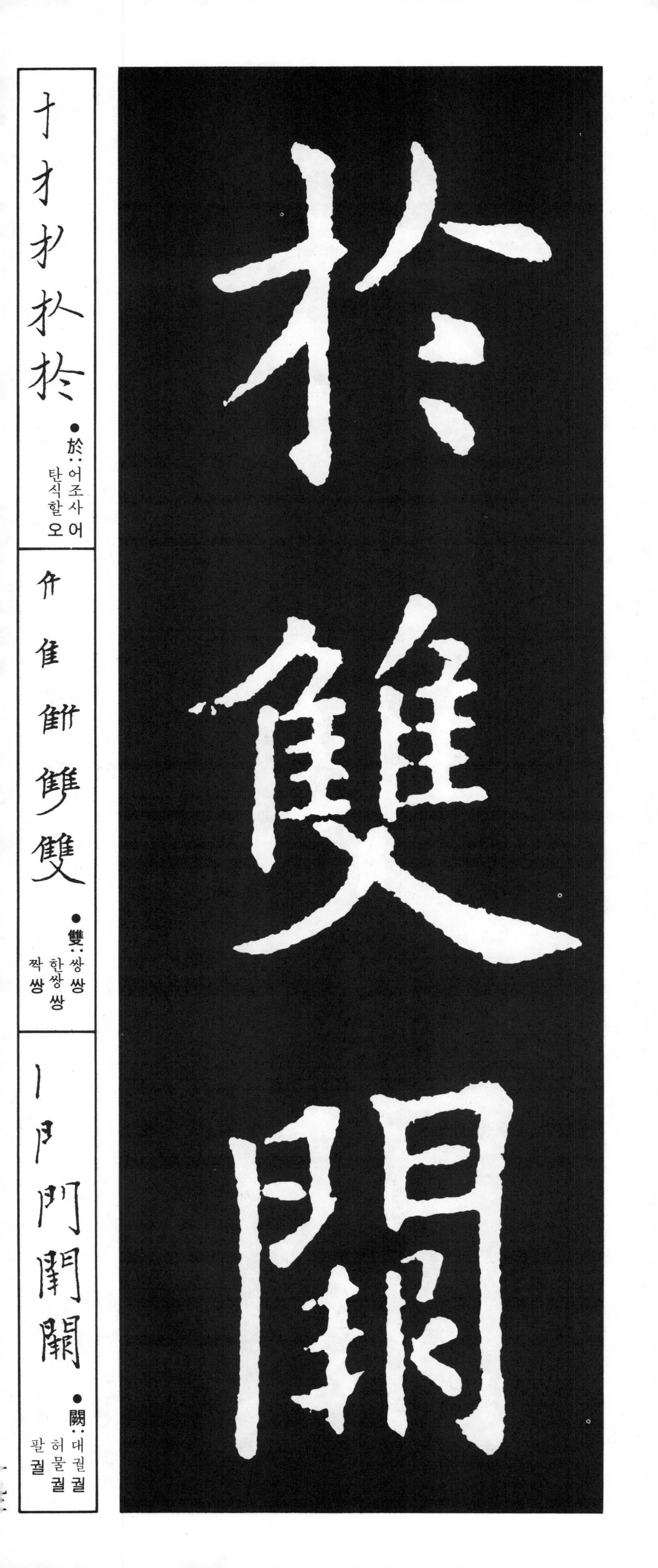

於

● 於: 어조사 어
탄식할 오

雙

● 雙: 쌍 쌍
한쌍 쌍
짝 쌍

闕

● 闕: 대궐 궐
허물 궐
팔 궐

青

十 土 青 青 青

● 青: 푸를 청
젊을 청
무성할 청

瑣

王 玎 玔 瑣 瑣

● 瑣: 옥가루 쇄
좀스러울 쇄
낮을 쇄

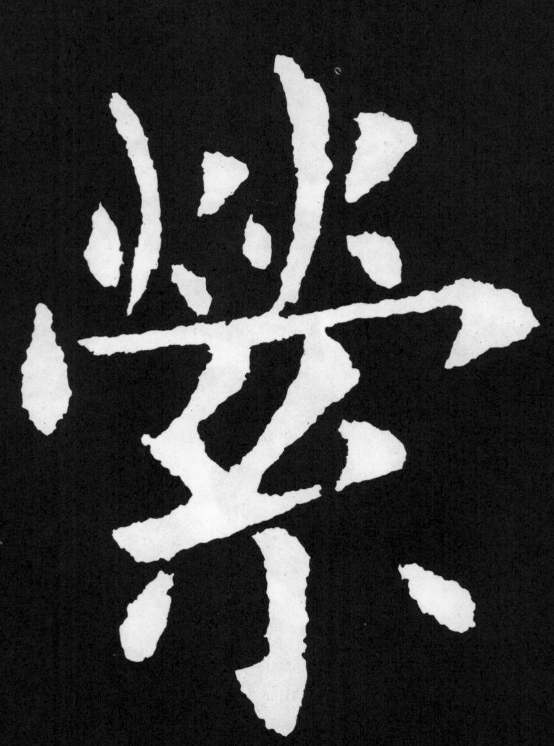

丷 火 炏 熒 縈

● 縈: 얽힐 영
맬 영

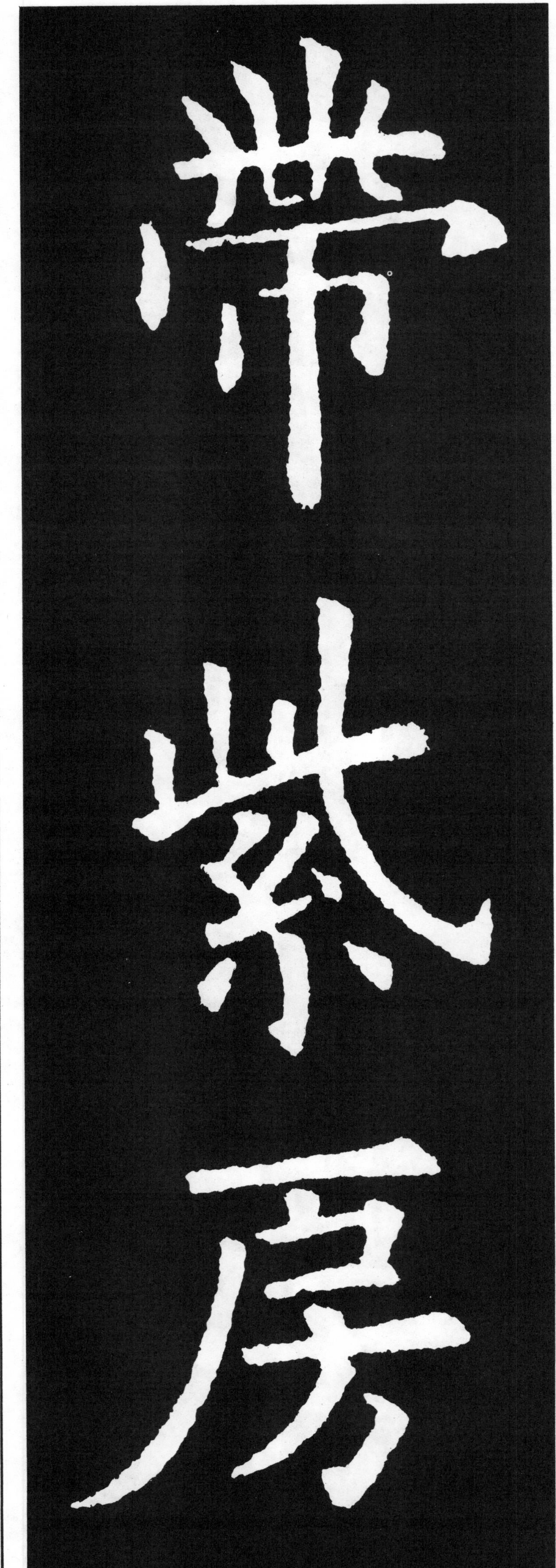

●帶: 띠 대
찰 대
데릴 대

●紫: 검붉을 자
자주빛 자

●房: 방 방
별이름 방

激

揚

清

激

●激: 과격할 격
심할 격
빠를 격

揚

●揚: 들날릴 양
들 양
나타날 양

清

●清: 맑을 청
정결할 청
푸를 청

波

●波: 물결 파
물흐를 파
번질 파

滌

●滌: 제할 척
씻을 척

蕩

●蕩: 클 탕
질펀할 탕
방탕할 탕

瑕

●瑕 : 옥티 하
붉은옥 하

穢

●穢 : 더러울 예
거칠 예
더럽힐 예

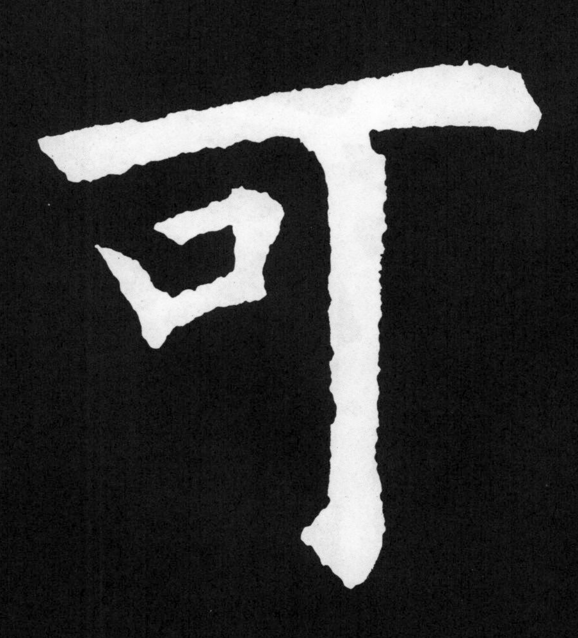

●可 : 옳을 가
허락할 가
기히 가

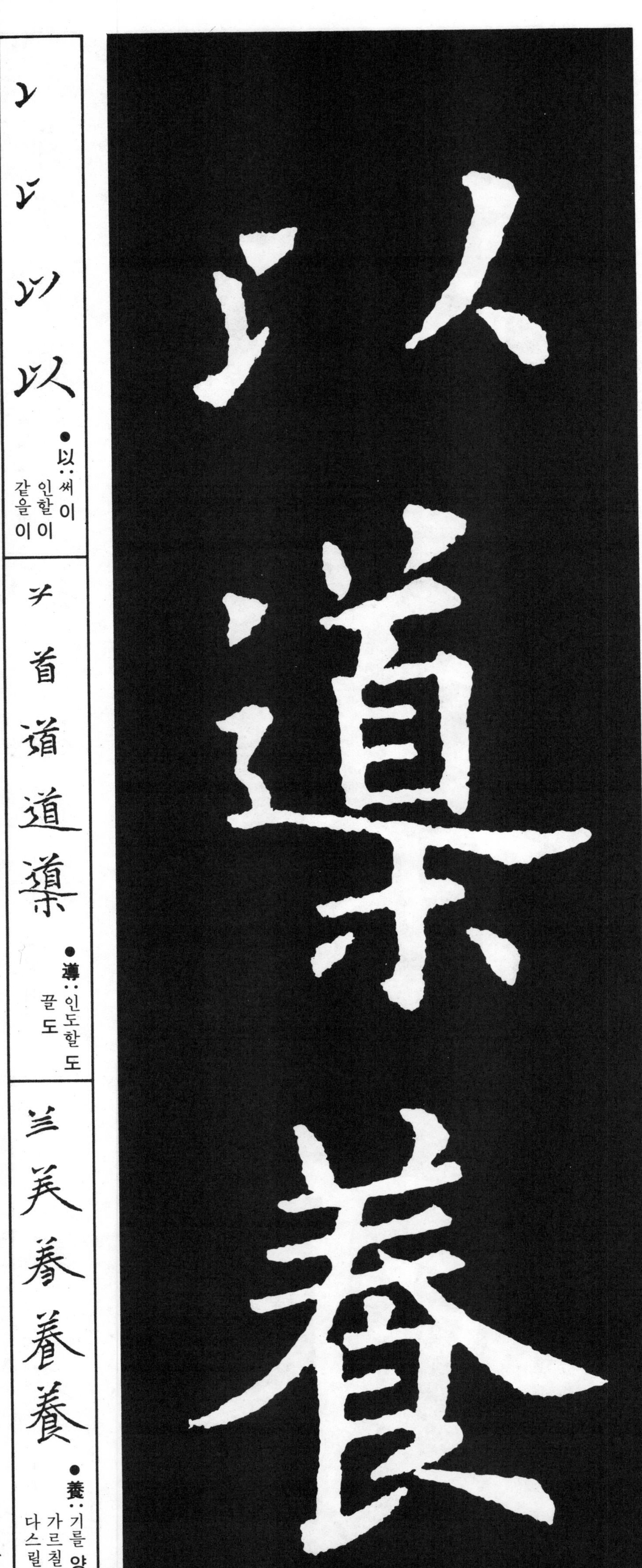

●以：써 이
인할 이
같을 이

●導：인도할 도
끌 도

●養：기를 양
가르칠 양
다스릴 양

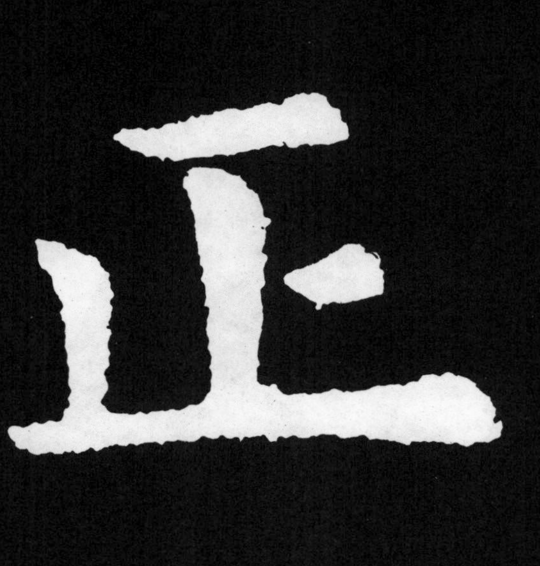

性

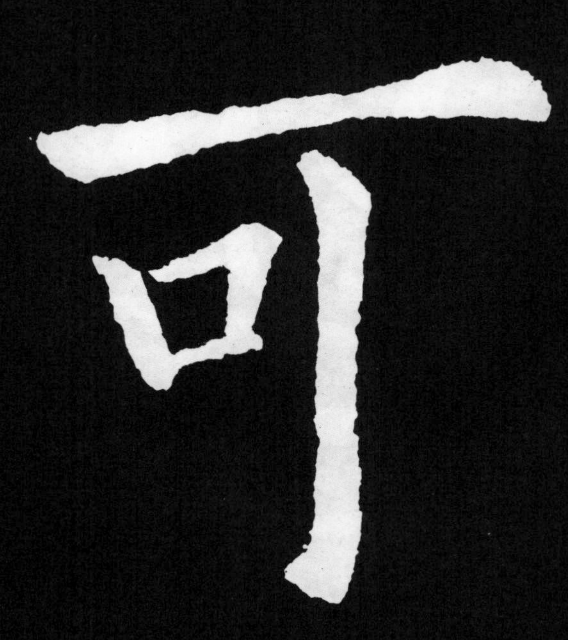

一 丅 下 正

●正: 바를 정
본 정
정 정

丨 忄 性

●性: 성품 성
마음 성
바탕 성

一 可

●可: 옳을 가
허락할 가
기히 가

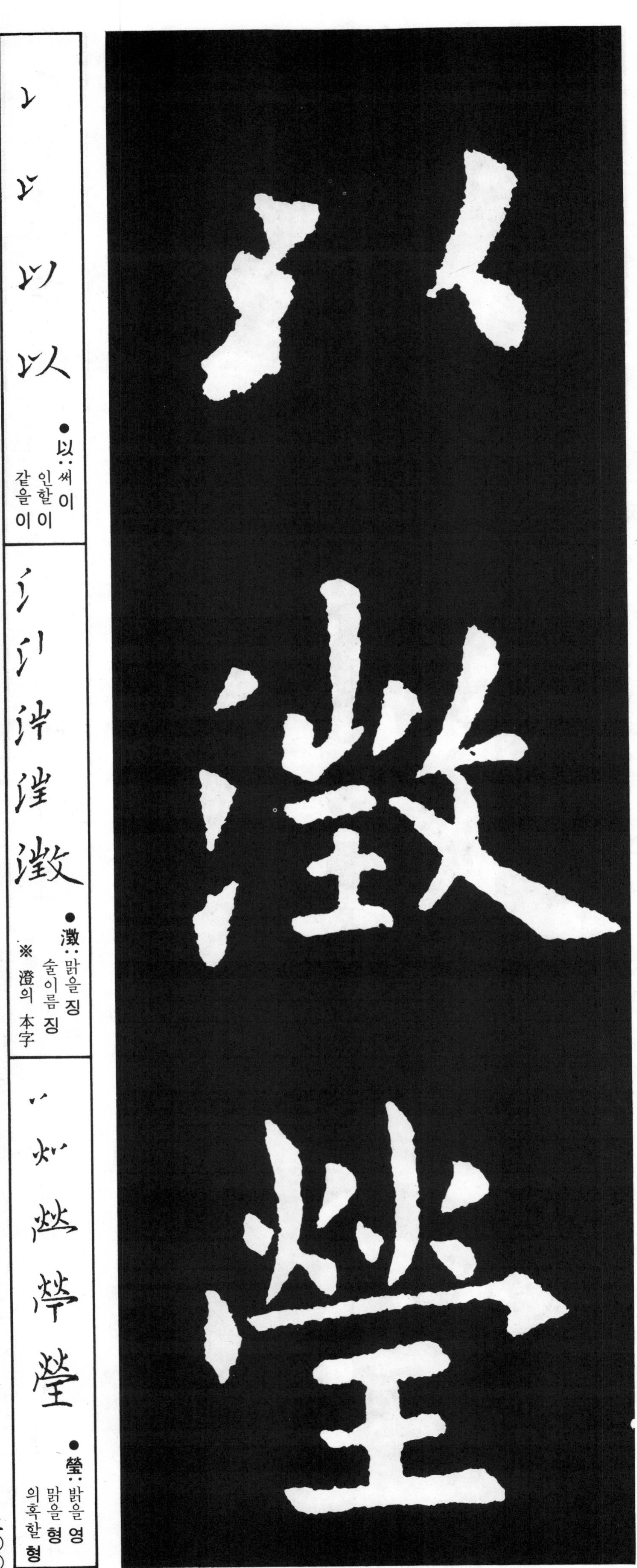
● 以: 써 이
인할 이
같을 이
● 澂: 맑을 징
술이름 징
※ 澄의 本字
● 瑩: 밝을 영
맑을 형
의혹할 형

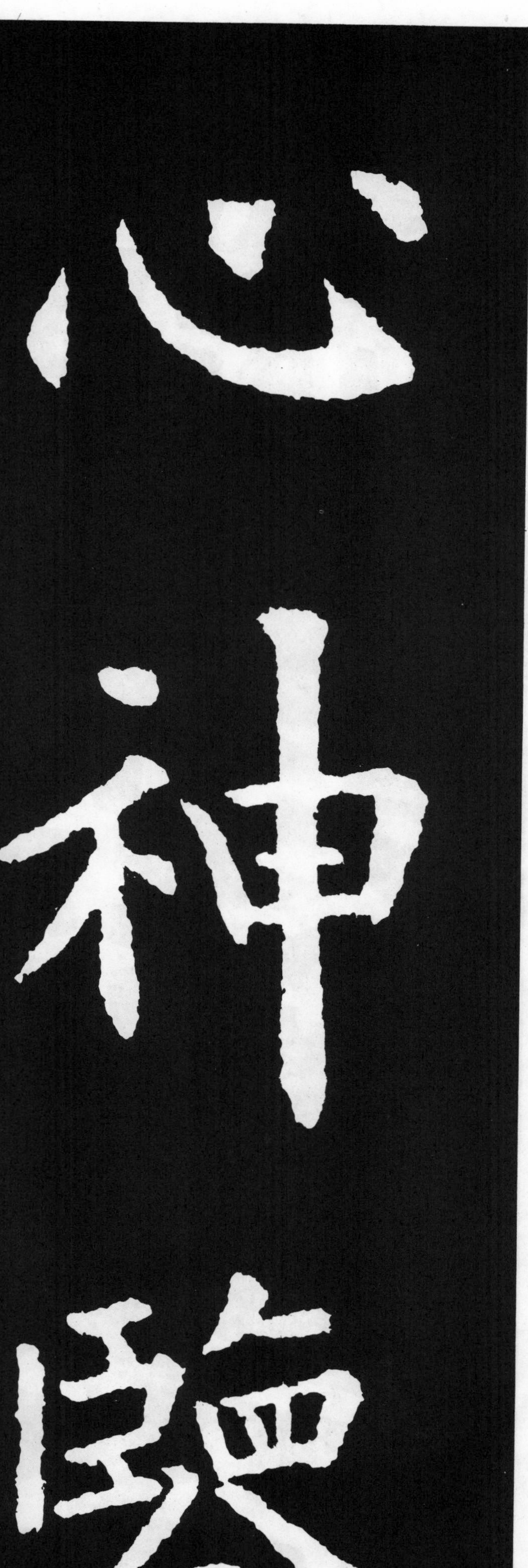

●心: 마음 심
가운데 심
가늘 심

●神: 귀신 신
신 신
정신 신

●鑒: 거울 감
볼 감
※鑑과 同字

日 日' 暎 暎 暎

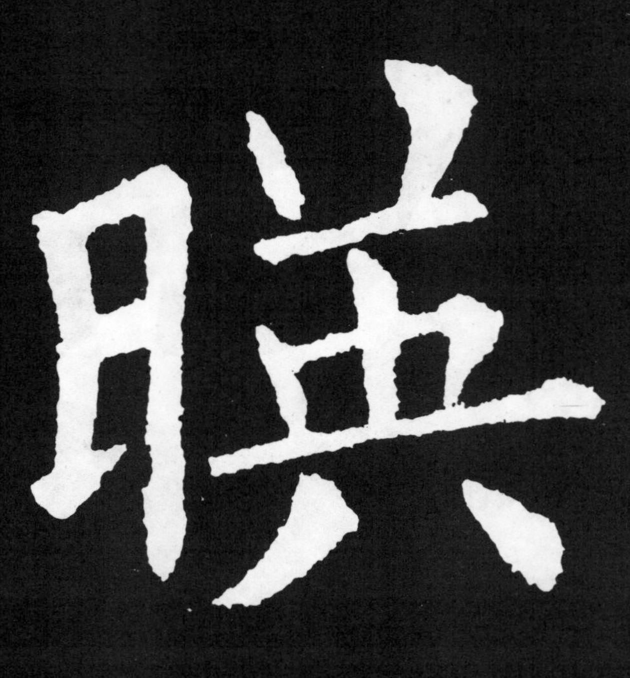

●暎: 서로비칠 영
밝을 영
※ 映과 同字

ヨ 尹 君 群 群

群

●群: 무리 군
떼 군
모일 군

一 二 开 形 形

形

●形: 형상 형
모양 형
얼굴 형

潤

生

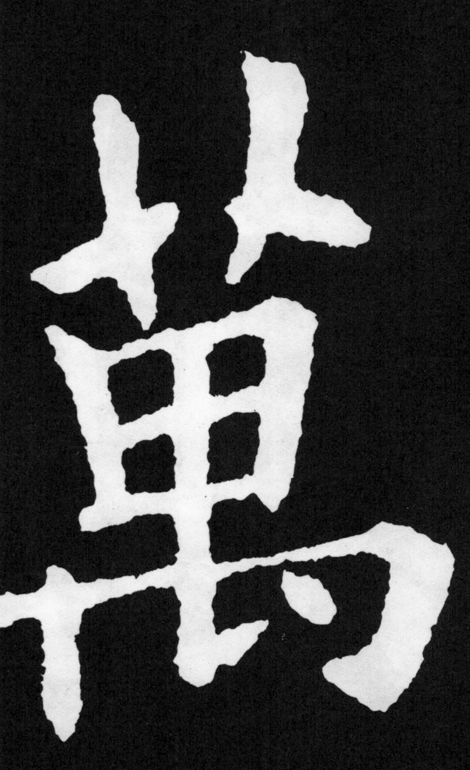

●潤: 불을 윤
꾸밀 윤
더할 윤

●生: 날 생
살 생
기를 생

●萬: 일만 만
아주 만
만일 만

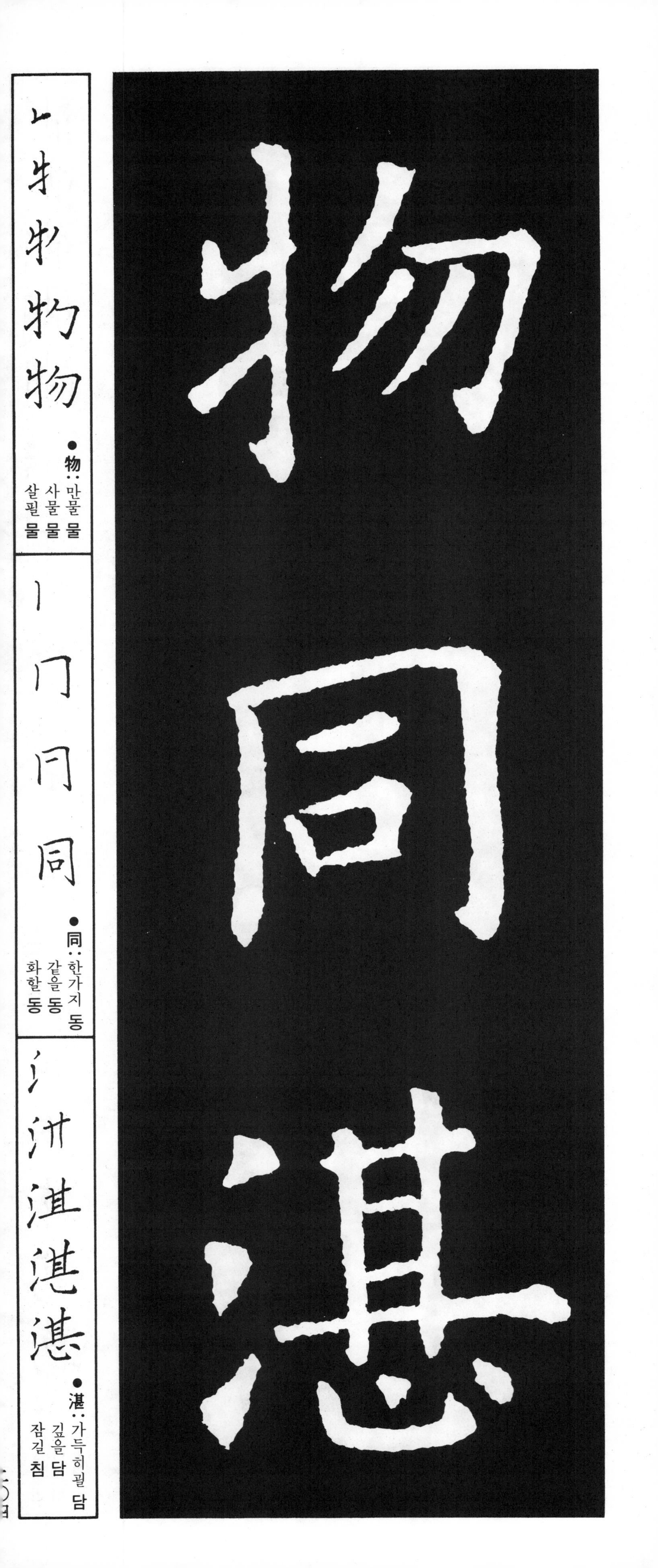

物

●物: 만물 물
사물 물
살필 물

同

●同: 한가지 동
같을 동
화할 동

湛

●湛: 가득히괼 담
깊을 담
잠길 침

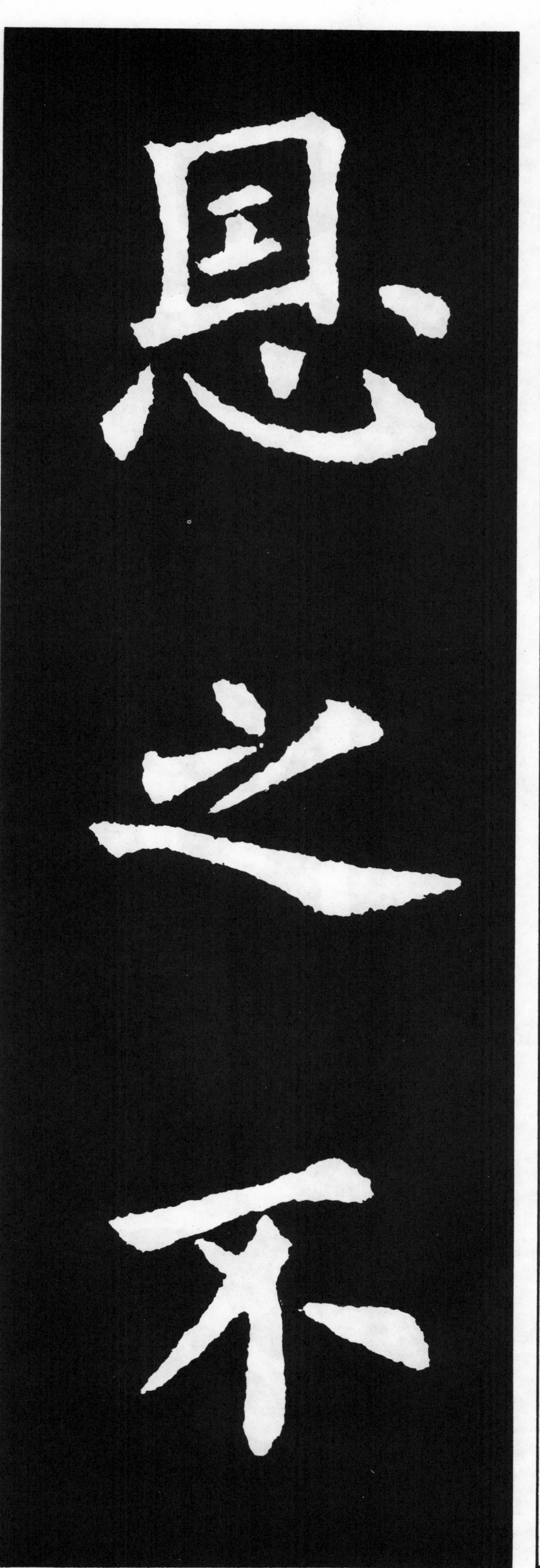

●恩: 은혜 은
사랑할 은

●之: 갈 지
의 지
어조사 지

●不: 아닐 불
아닌가 부
없을 부

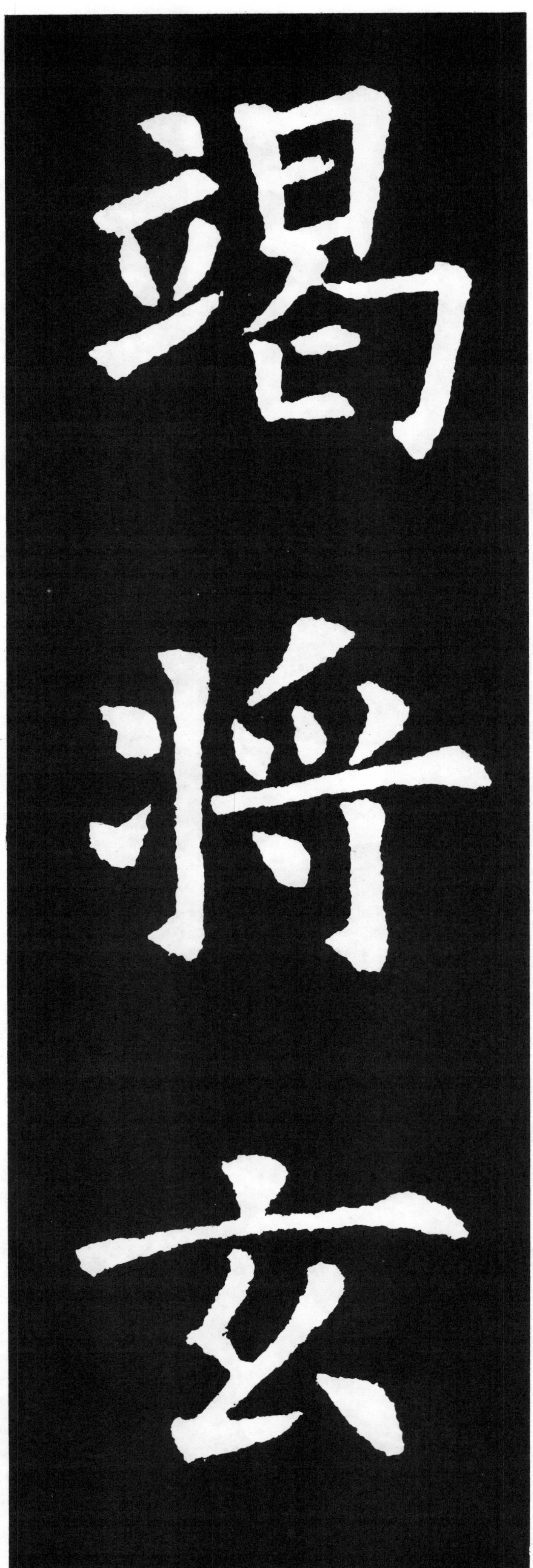

●竭: 다할 갈
마를 갈

●將: 장수 장
장차 장
나아갈 장

●玄: 검을 현
오묘할 현
성 현

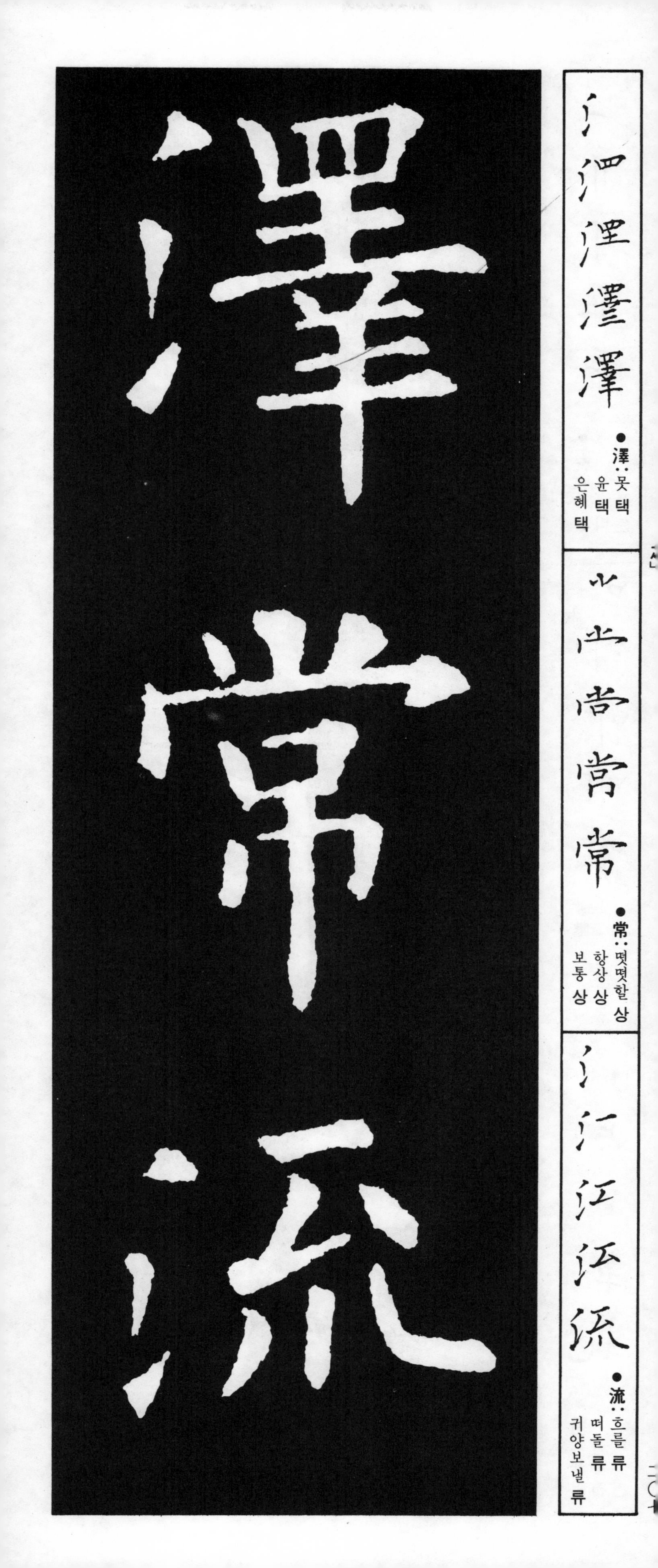

澤

常

流

●澤: 못 택
윤 택
은혜 택

●常: 떳떳할 상
항상 상
보통 상

●流: 흐를 류
떠돌 류
귀양보낼 류

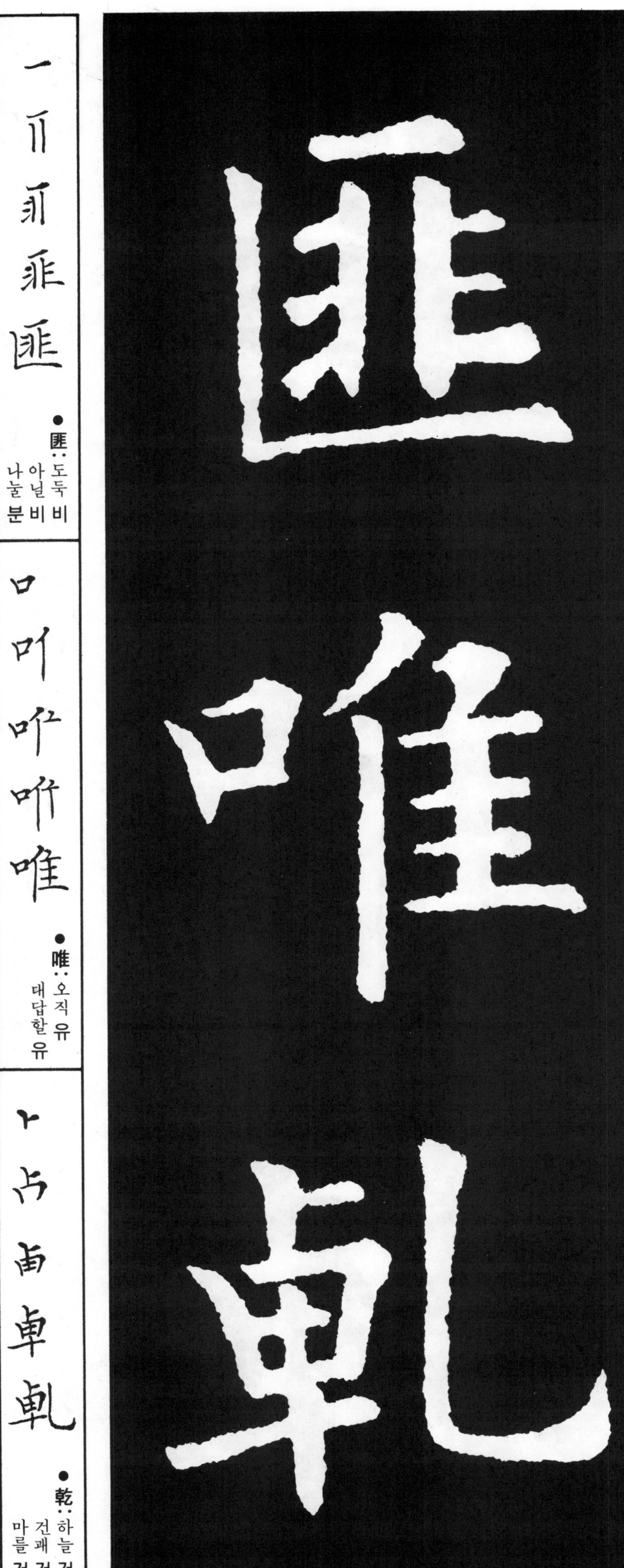

●匪: 도둑 비
아닐 비
나눌 분

●唯: 오직 유
대답할 유

●乾: 하늘 건
건괘 건
마를 건

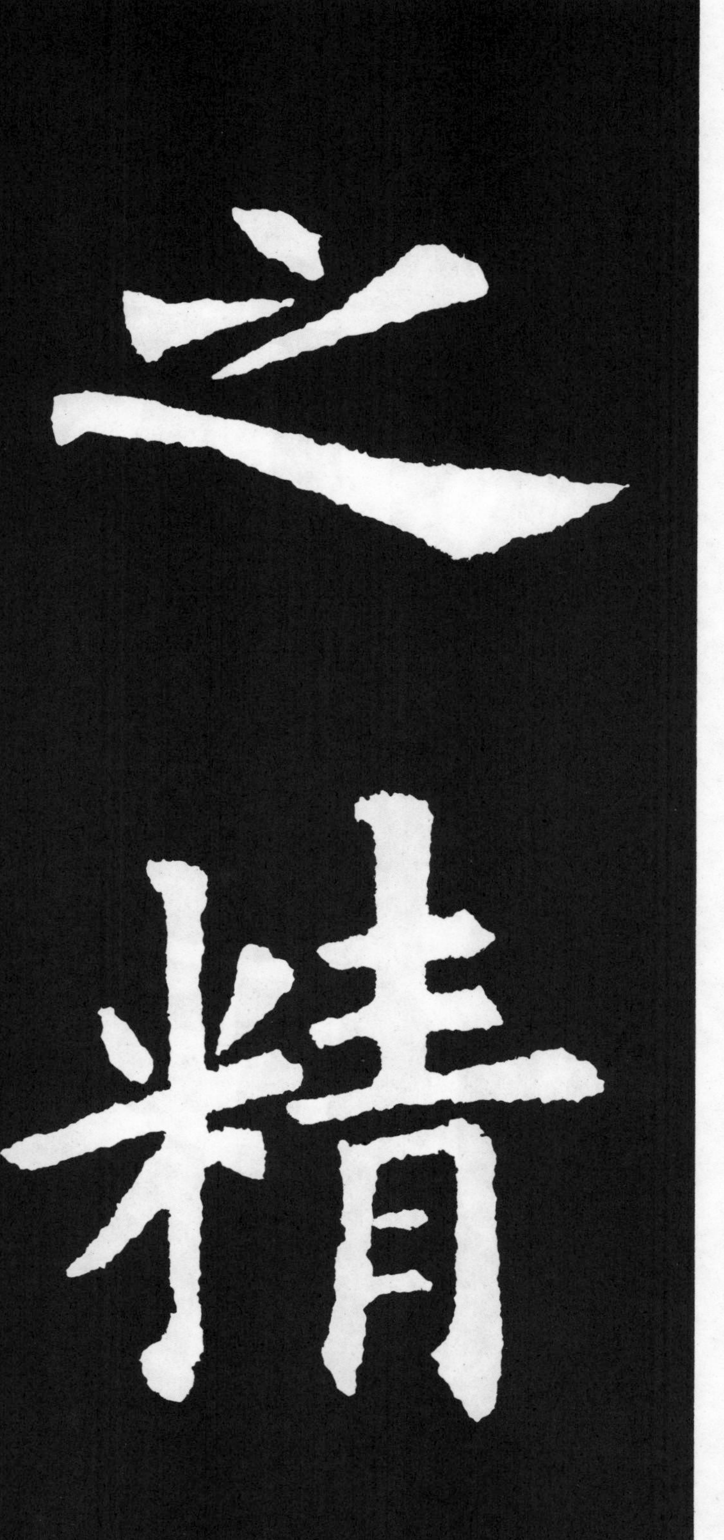

之

●之: 갈 지
의 지
어조사 지

精 精

●精: 정할 정
정신 정
정액 정

蓋

蓋: 덮을 개
대개 개

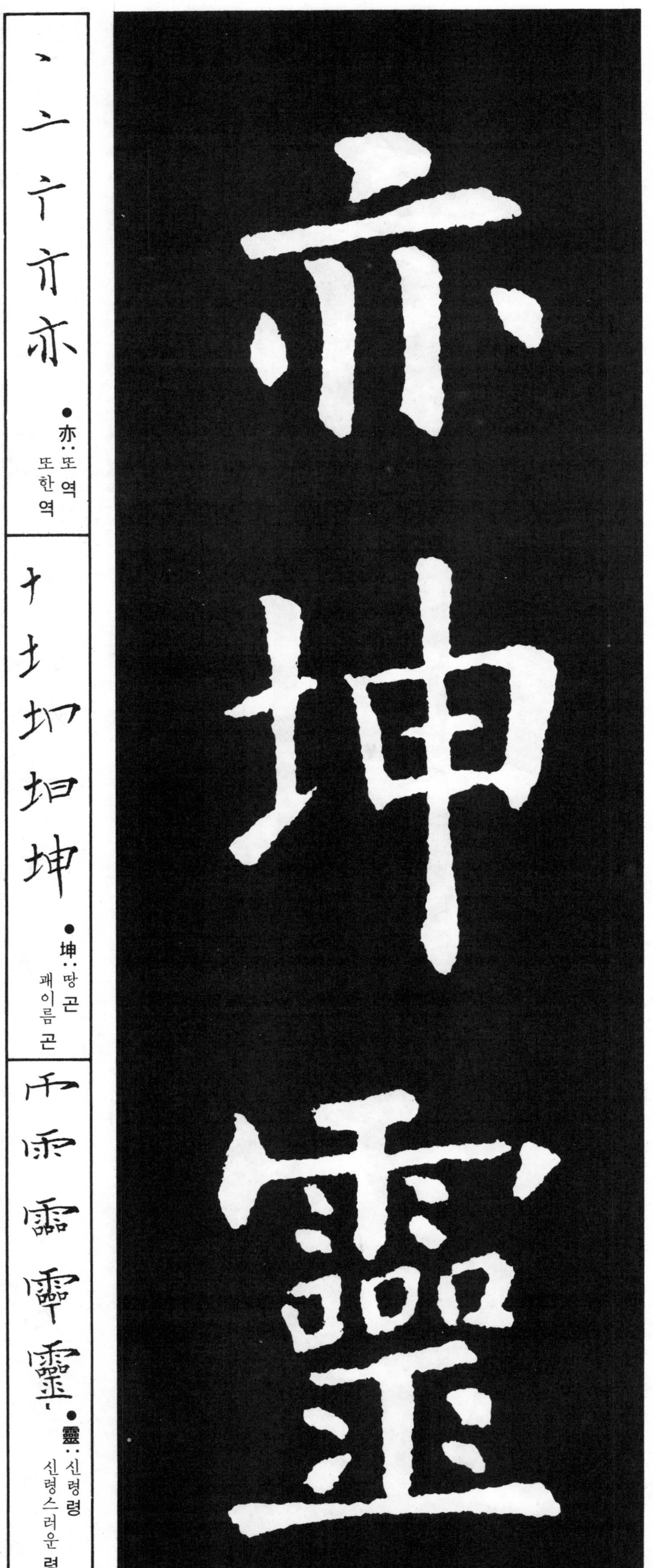
亦
坤
靈
●亦: 또 역
또한 역
●坤: 땅 곤
괘이름 곤
●靈: 신령 령
신령스러운 령

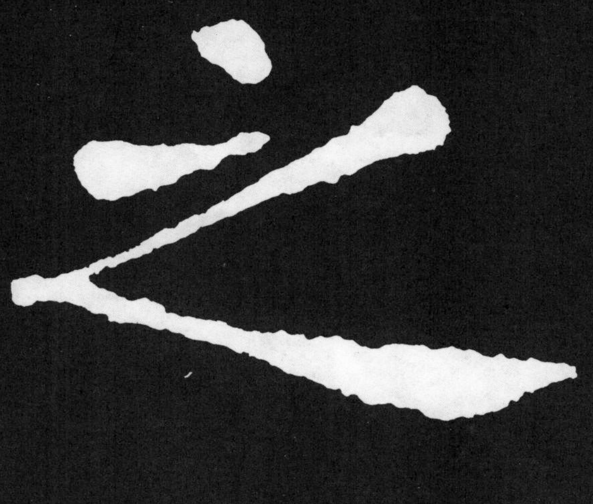

●之: 갈 지
의 지
어조사 지

寶

●寶: 보배 보
돈 보

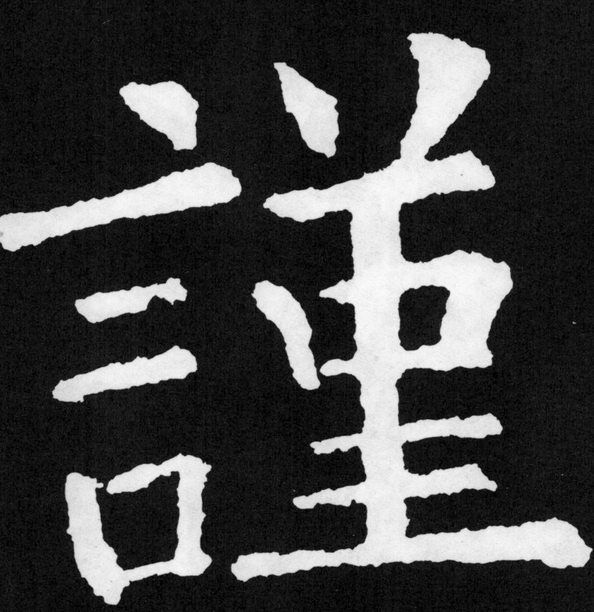

●謹: 삼갈 근
공경할 근

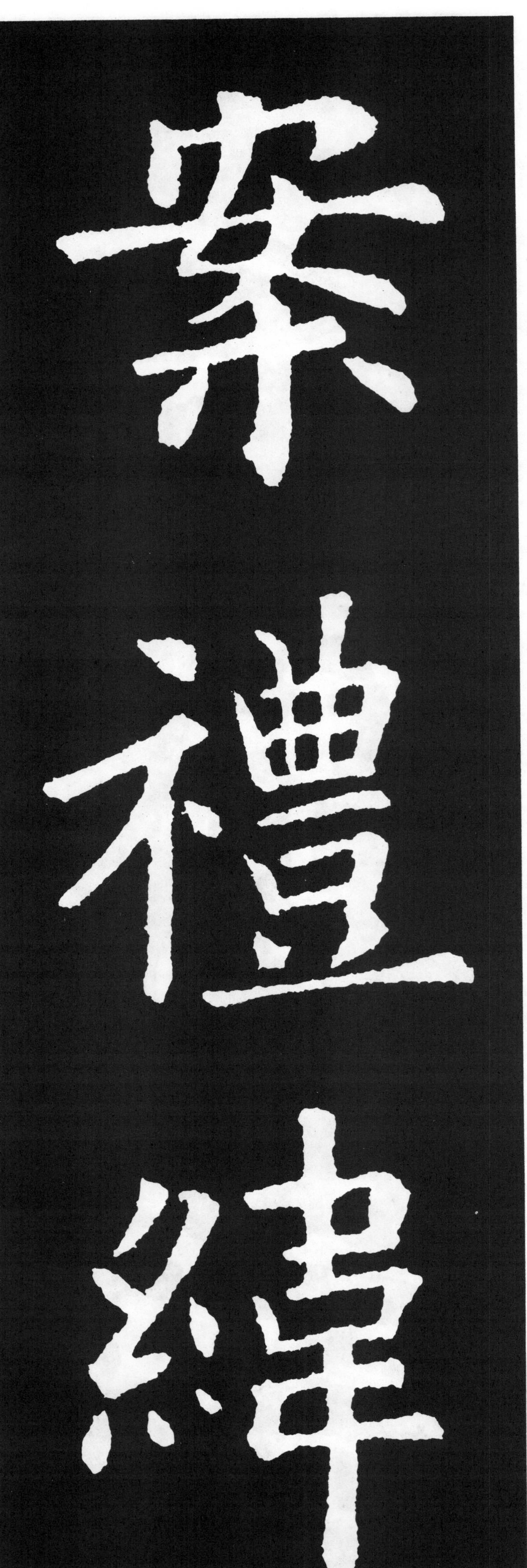

● 案 : 책상 안 / 생각할 안 / 안건 안

● 禮 : 예도 례 / 예절 례 / 예물 례

● 緯 : 씨 위 / 씨줄 위 / 씨금 위

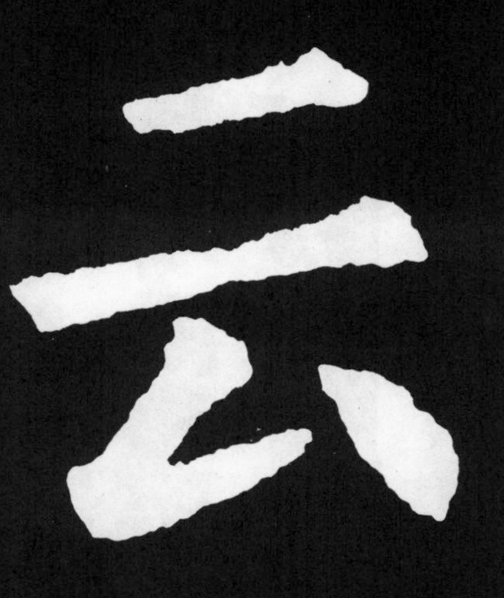

王

者

一 二 亠 云

●云: 이를 운
말할 운
어조사 운

一 丁 千 王

●王: 임금 왕
으뜸 왕
클 왕

十 土 耂 者 者

●者: 놈 자
사람 자
어조사 자

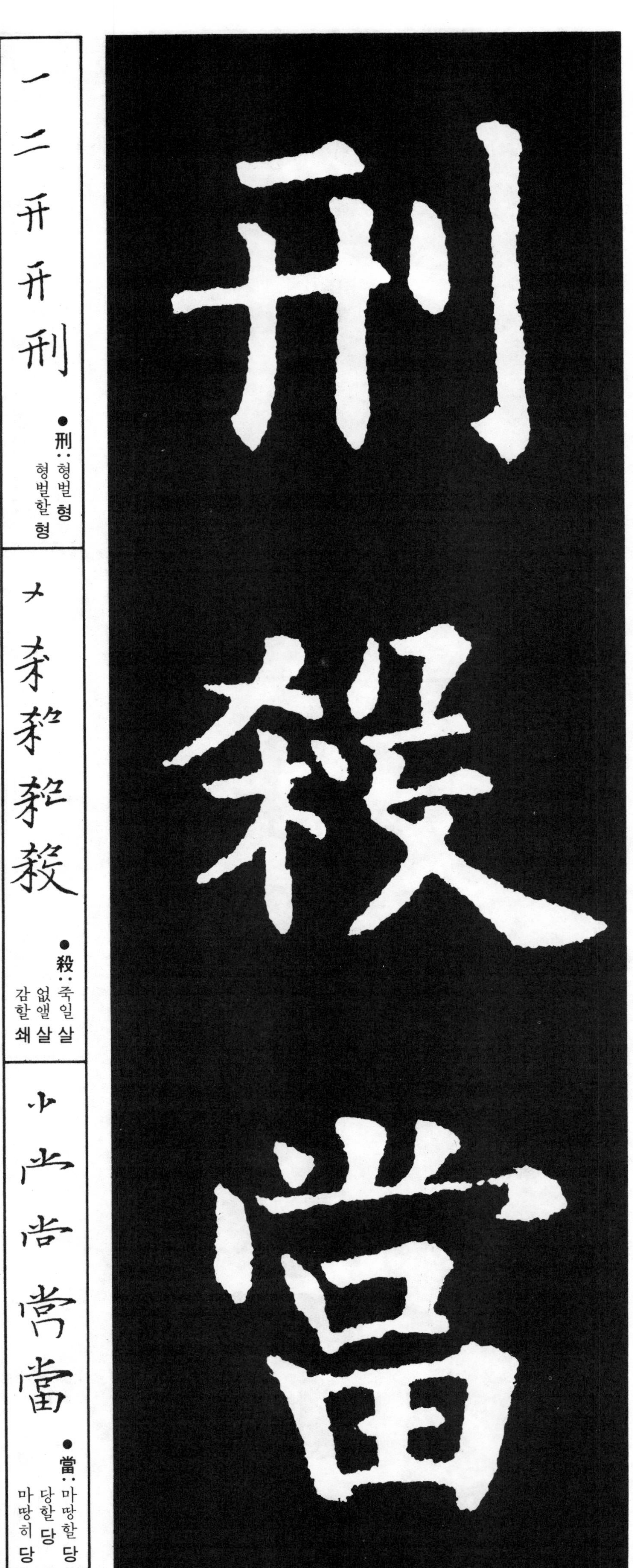

一 二 开 开 刑

● 刑 : 형벌 형
형벌할 형

メ 杀 殺

● 殺 : 죽일 살
없앨 살
감할 쇄

⺌ 𫩏 尚 尚 當

● 當 : 마땅할 당
당할 당
마땅히 당

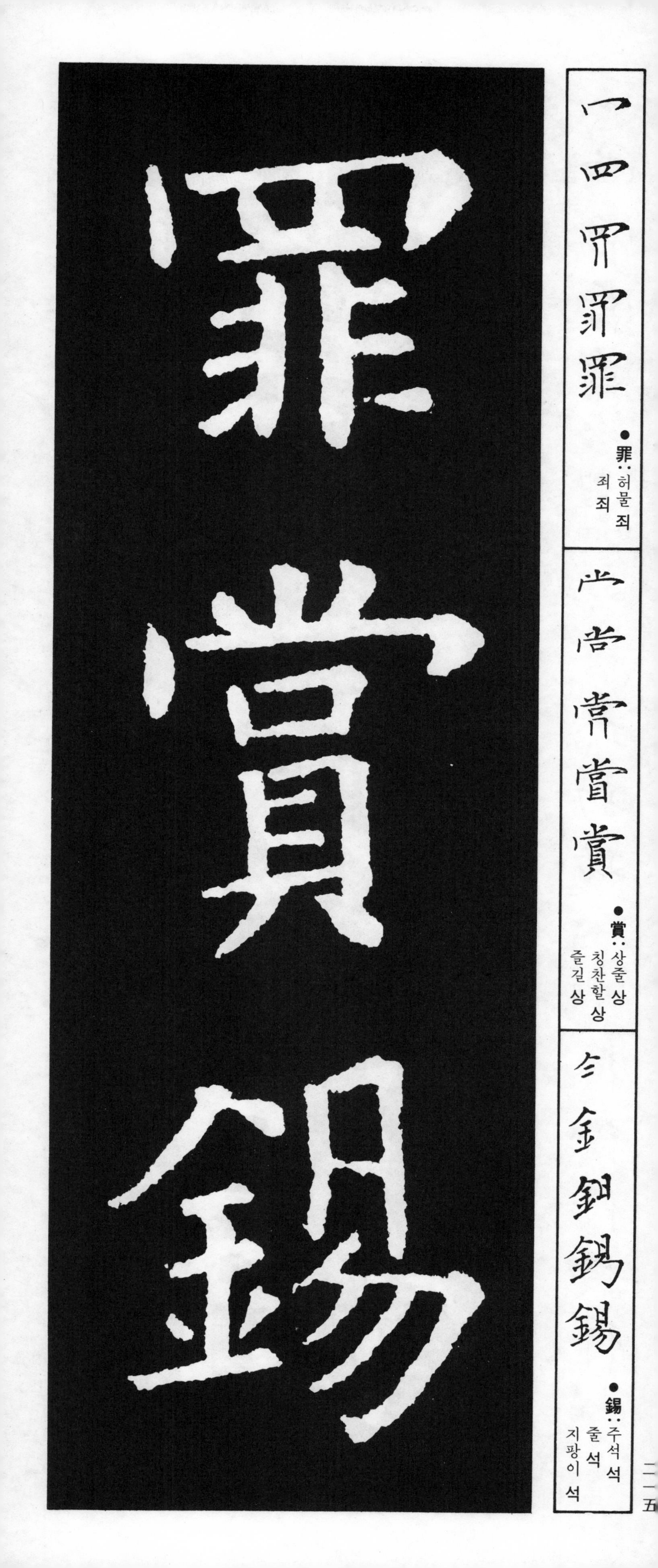

罪

賞

錫

●罪: 허물 죄
죄 죄

●賞: 상줄 상
칭찬할 상
즐길 상

●錫: 주석 석
줄 석
지팡이 석

當

●當: 마땅할 당
당할 당
마땅히 당

一 丁 工 玎 功

●功: 공 공
보람 공

彳 彳 彳 得 得

●得: 얻을 득
깨달을 득

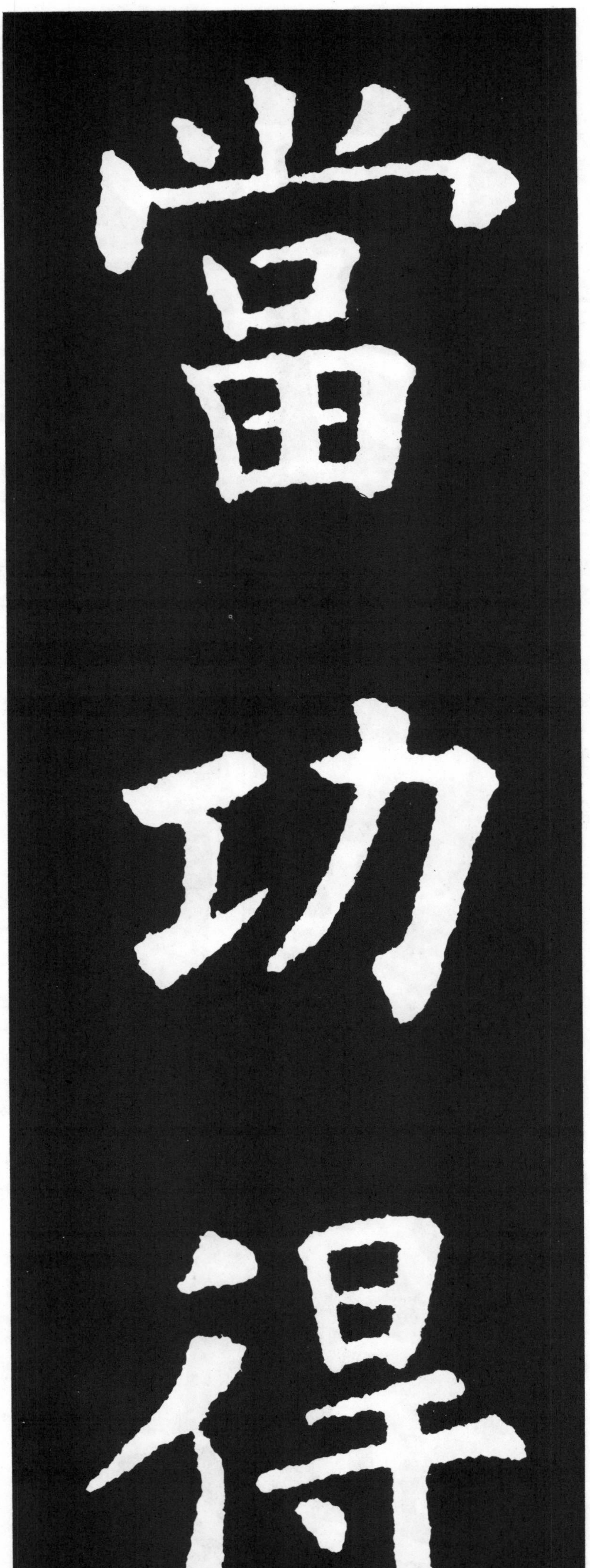

禮

禮

●禮: 예도 례
예절 례
예물 례

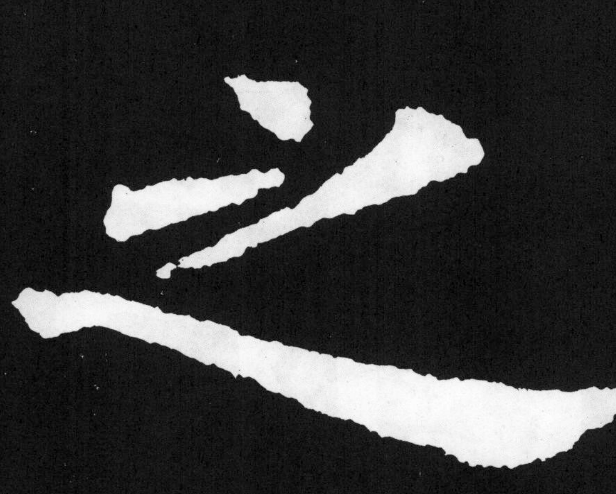

之

●之: 갈 지
의 지
어조사 지

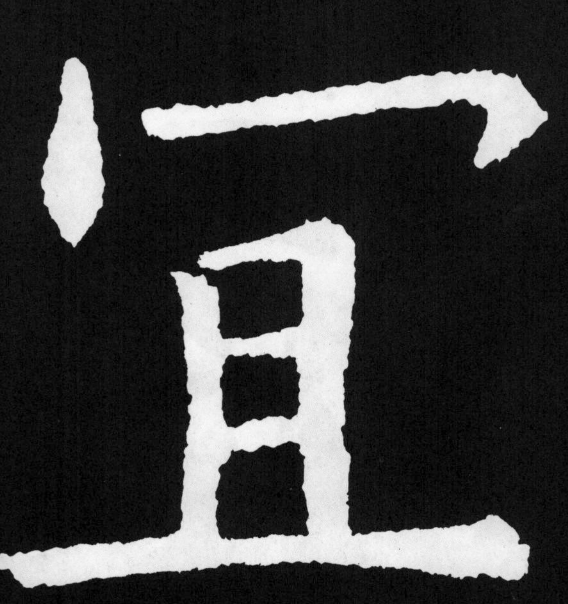

宜

●宜: 마땅할 의
옳을 의
편할 의

●則: 곧 즉
법칙 칙

●醴: 단술 례
단샘 례

●泉: 샘 천
돈 천

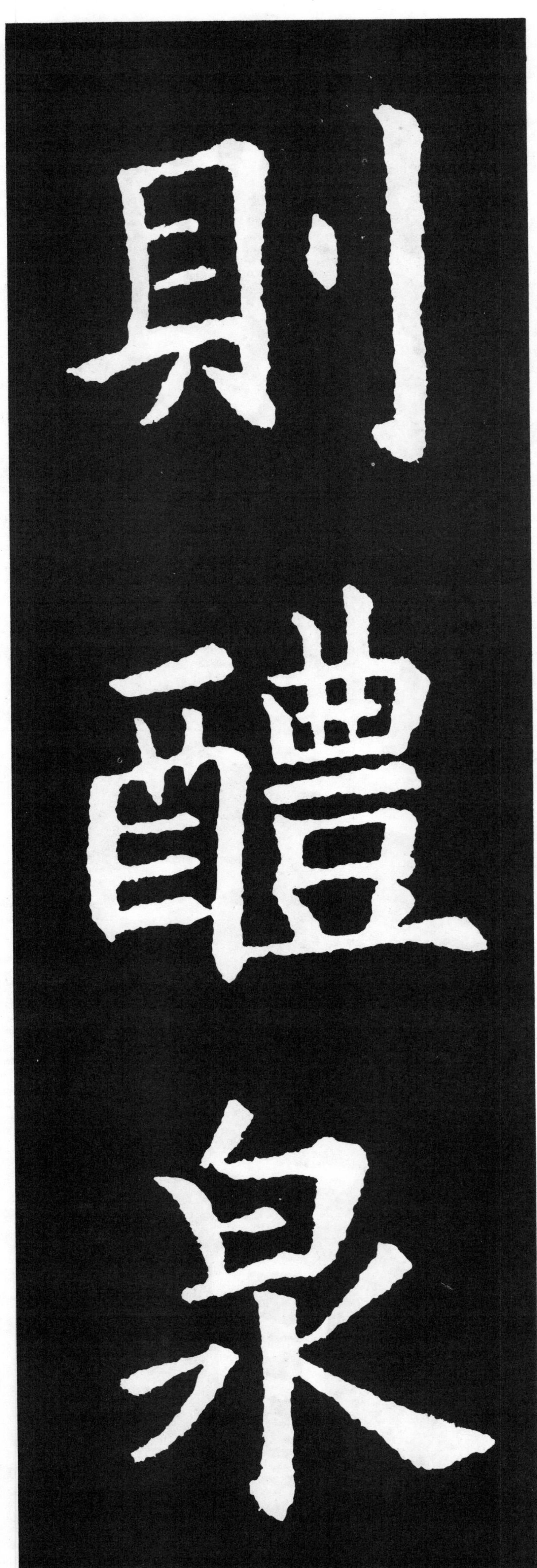

出

於

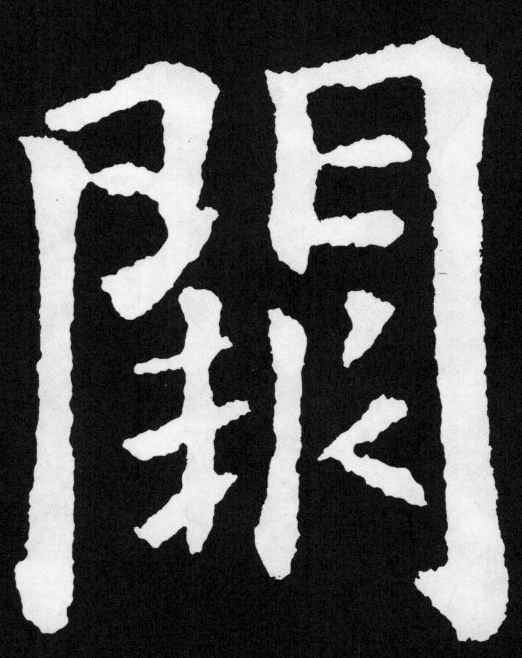

丨 屮 出

●出: 날 출
나갈 출
뛰어날 출

一 寸 才 扵 於

●於: 어조사 어
탄식할 오

𠃌 門 閂 閞 闕

●闕: 대궐 궐
허물 궐
팔 궐

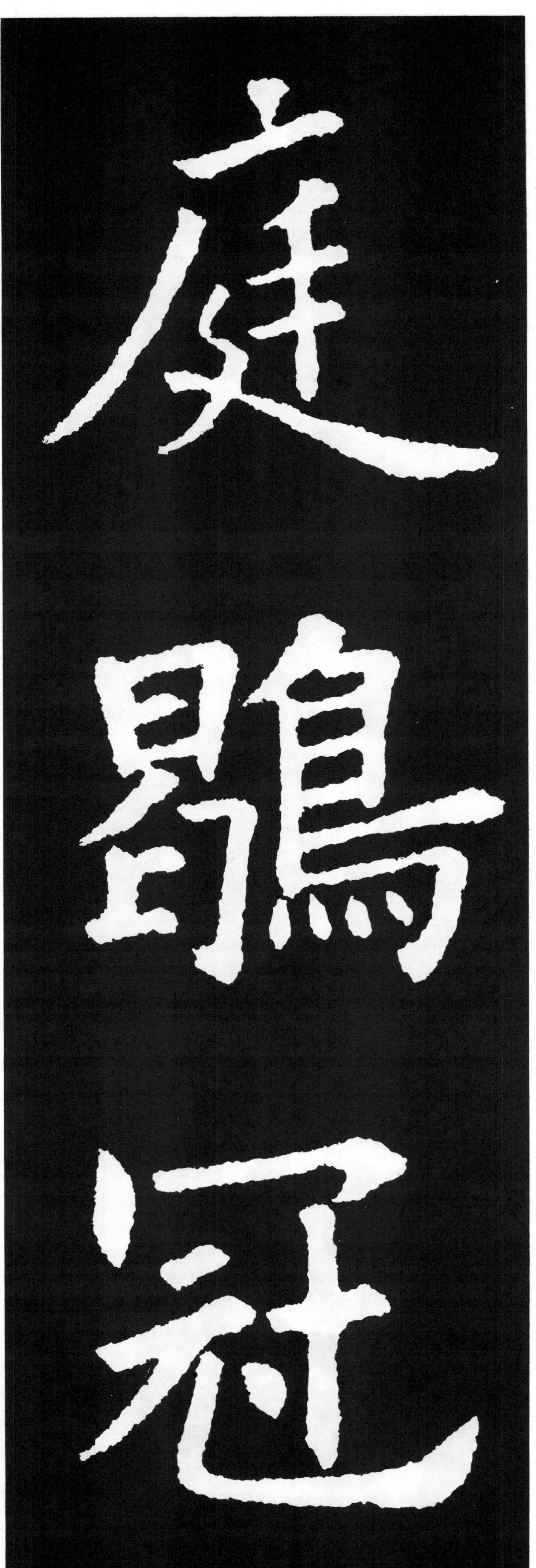

●庭: 뜰 정
집안 정
조정 정

●鶡: 파랑새 분
닭같고 싸움
잘하는 새 갈

●冠: 갓 관
관 관
으뜸 관

子

曰

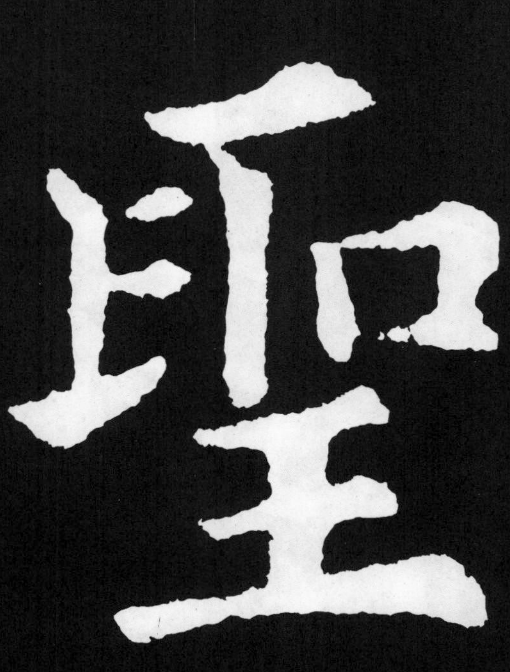

●子: 아들 자
첫째 자
어조사 자

●曰: 가로 왈
어조사 왈

●聖: 성인 성
지존할 성
거룩할 성

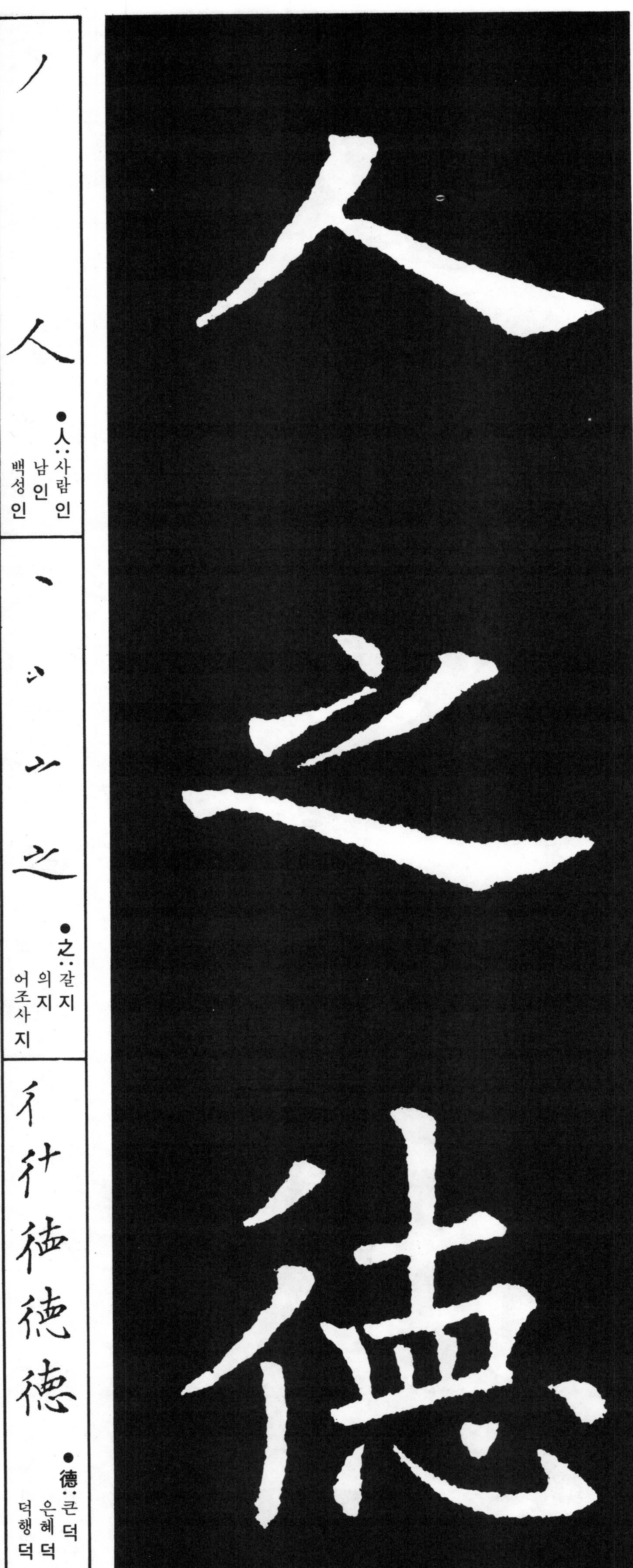
人
之
德
●人: 사람 인
남 인
백성 인
●之: 갈 지
의 지
어조사 지
●德: 큰 덕
은혜 덕
덕행 덕

上

太

清

●上: 윗 상
임금 상
높을 상

●太: 클 태
심할 태
통할 태

●清: 맑을 청
정결할 청
푸를 청

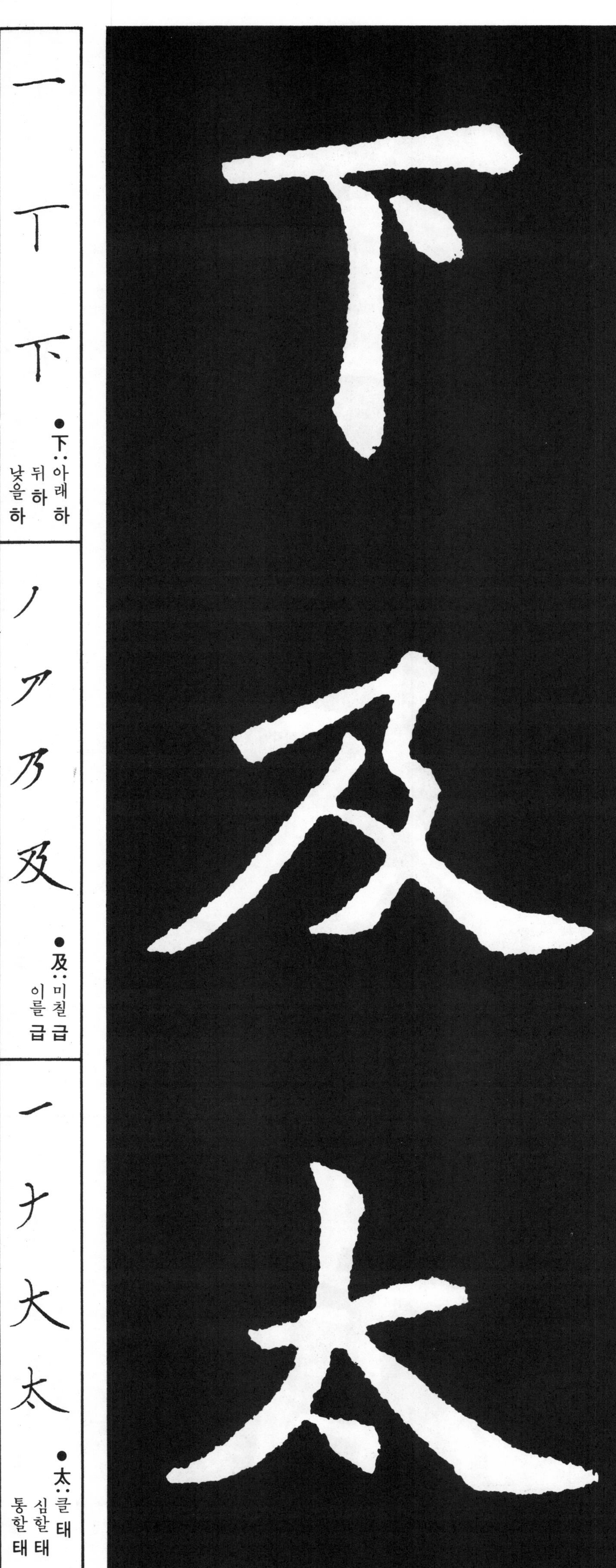
下
●下: 아래 하
뒤 하
낮을 하
及
●及: 미칠 급
이를 급
太
●太: 클 태
심할 태
통할 태

寧

及

萬

宀 宓 寍 寍 寧

●寧: 편안할 녕
차라리 녕

丿 乃 乃 及

●及: 미칠 급
이를 급

艹 苗 萬 萬 萬

●萬: 일만 만
아주 만
만일 만

●靈: 신령 령
신령스러울 령

●則: 곧 즉
법칙 칙

●醴: 단술 례
단샘 례

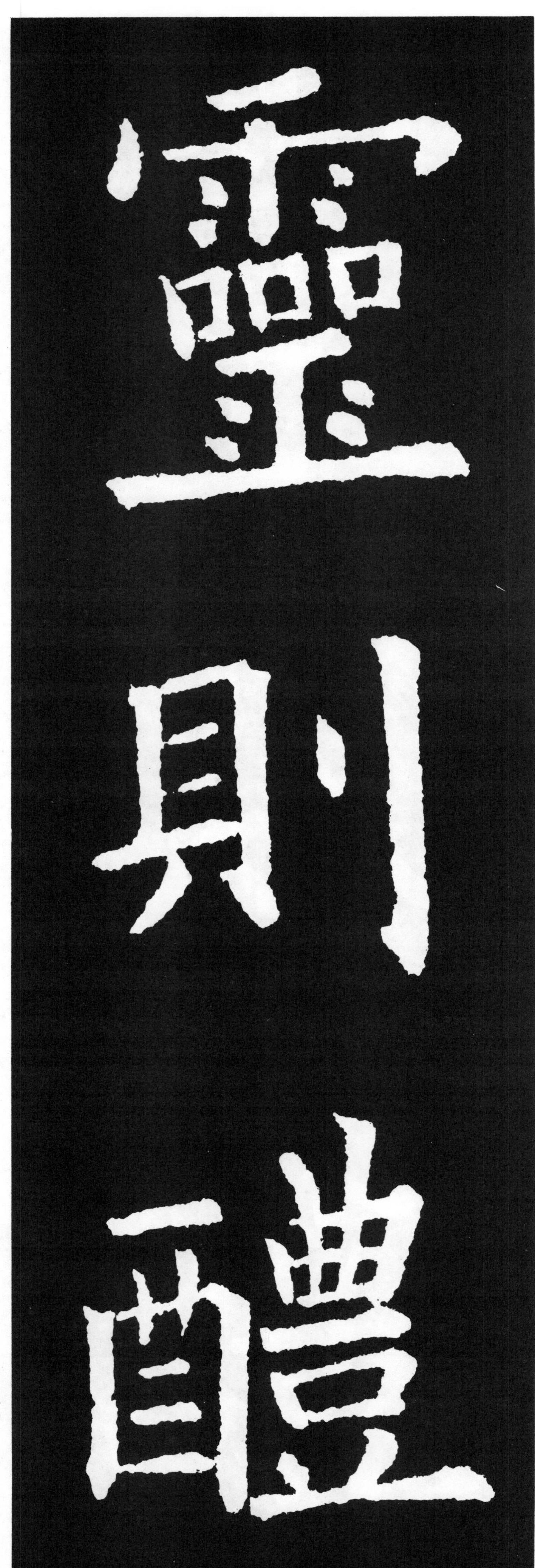

泉出瑞

●泉: 샘 천
돈 천

●出: 날 출
나갈 출
뛰어날 출

●瑞: 상서로울 서
상서 서

●應: 응할 응
응당 응

●圖: 그림 도
꾀할 도

●曰: 가로 왈
어조사 왈

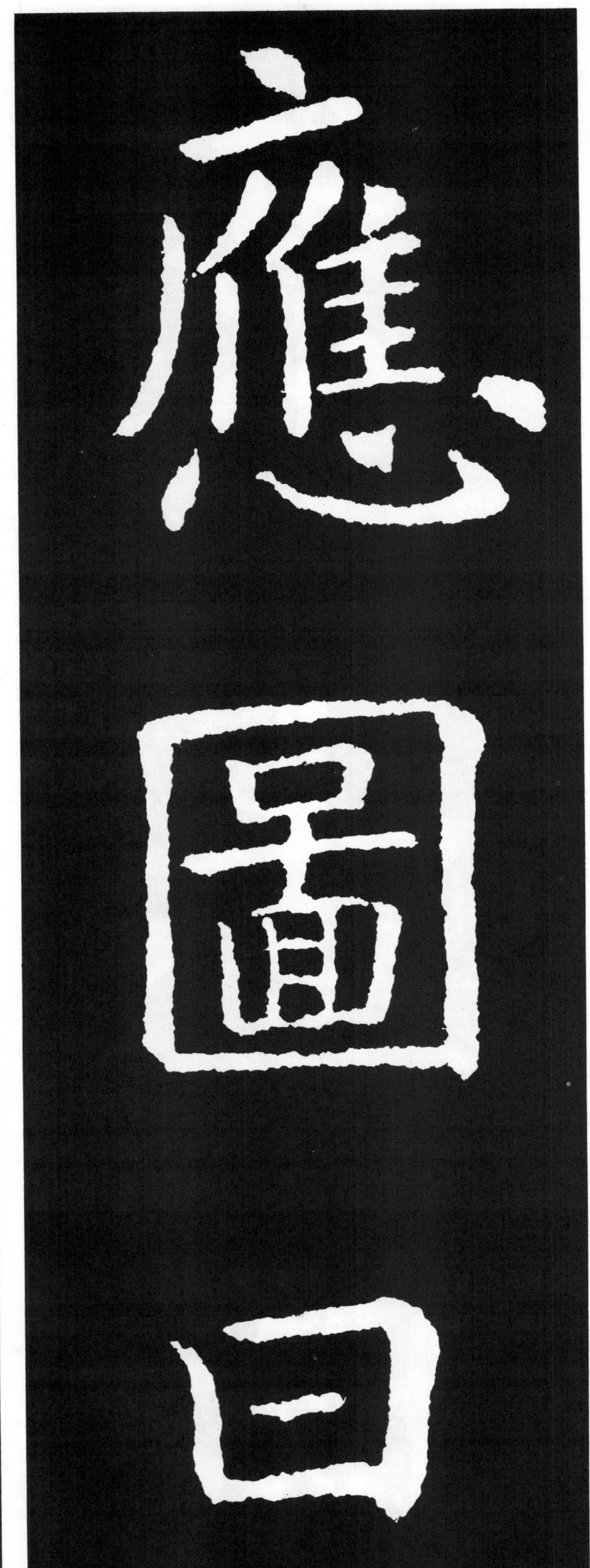

王

者

純

一 丅 千 王

● 王 : 임금 왕 / 으뜸 왕 / 클 왕

十 土 耂 者 者

● 者 : 놈 자 / 어조사 자

幺 糸 糹 紅 純

● 純 : 순수할 순 / 천진할 순

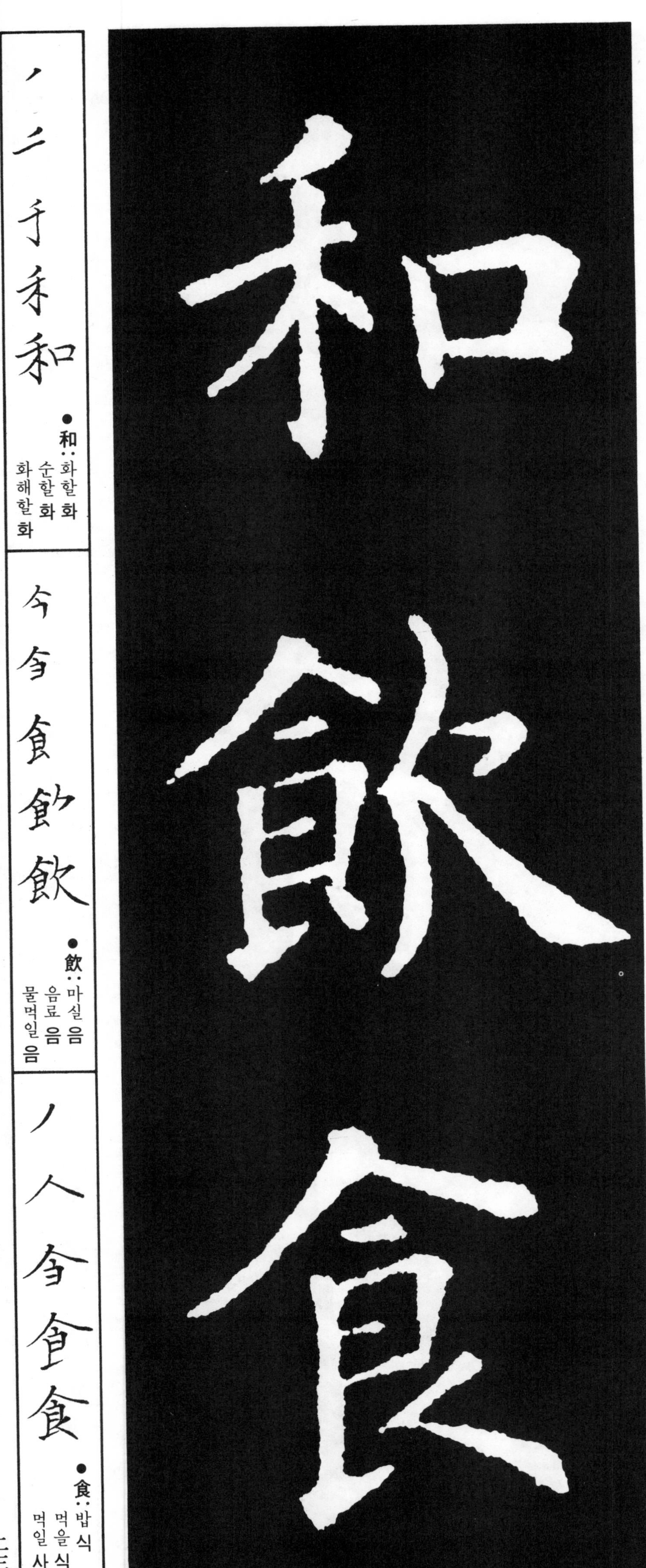
和
●和: 화할 화
순할 화
화해할 화
飮
●飮: 마실 음
음료 음
물먹일 음
食
●食: 밥 식
먹을 식
먹일 사

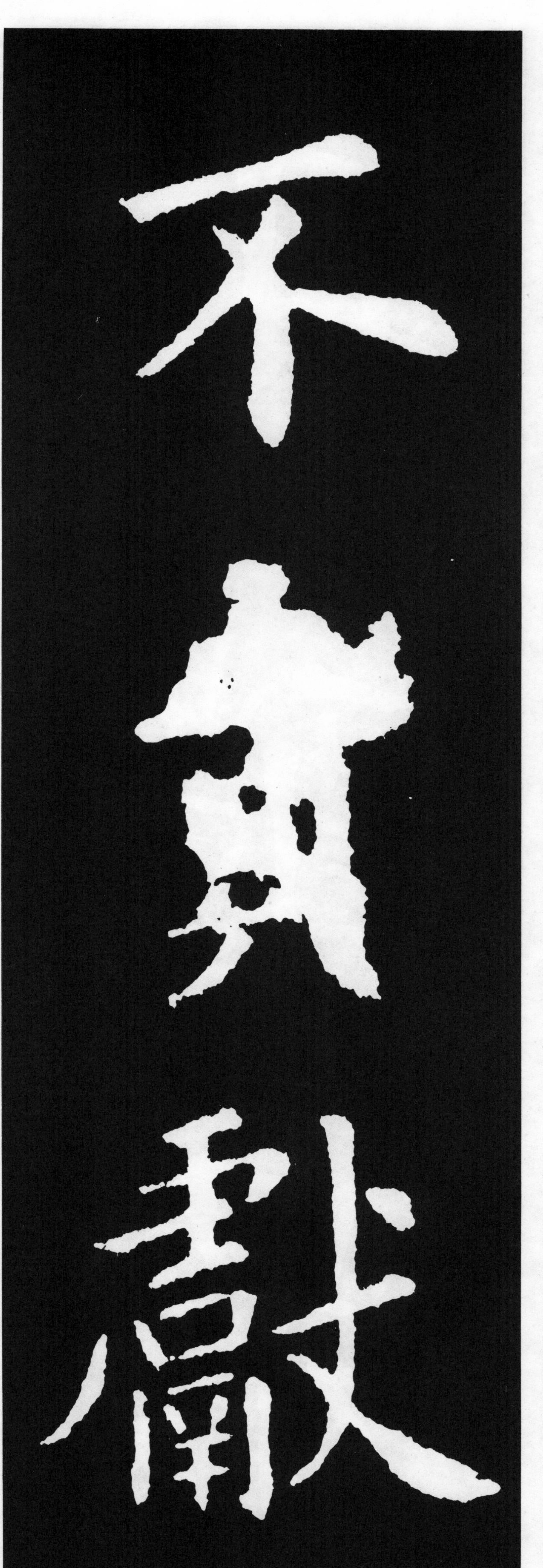

● 不 : 아닐 불
아닌가 부
없을 부

● 貢 : 바칠 공
공물 공
이바지할 공

● 獻 : 드릴 헌
어진사람 헌

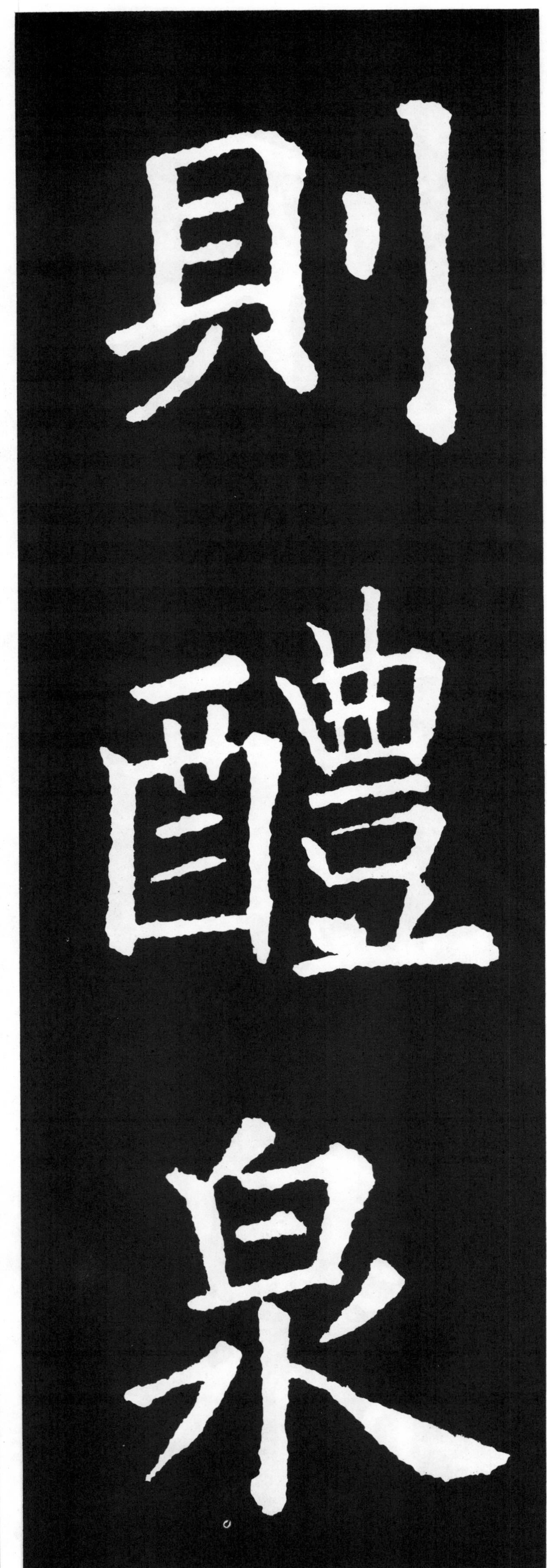

● 則: 곧 즉
법칙 칙

● 醴: 단술 례
단샘 례

● 泉: 샘 천
돈 천

出 飮 之

●出: 날 출
나갈 출
뛰어날 출

●飮: 마실 음
음료 음
물먹일 음

●之: 갈 지
의 지
어조사 지

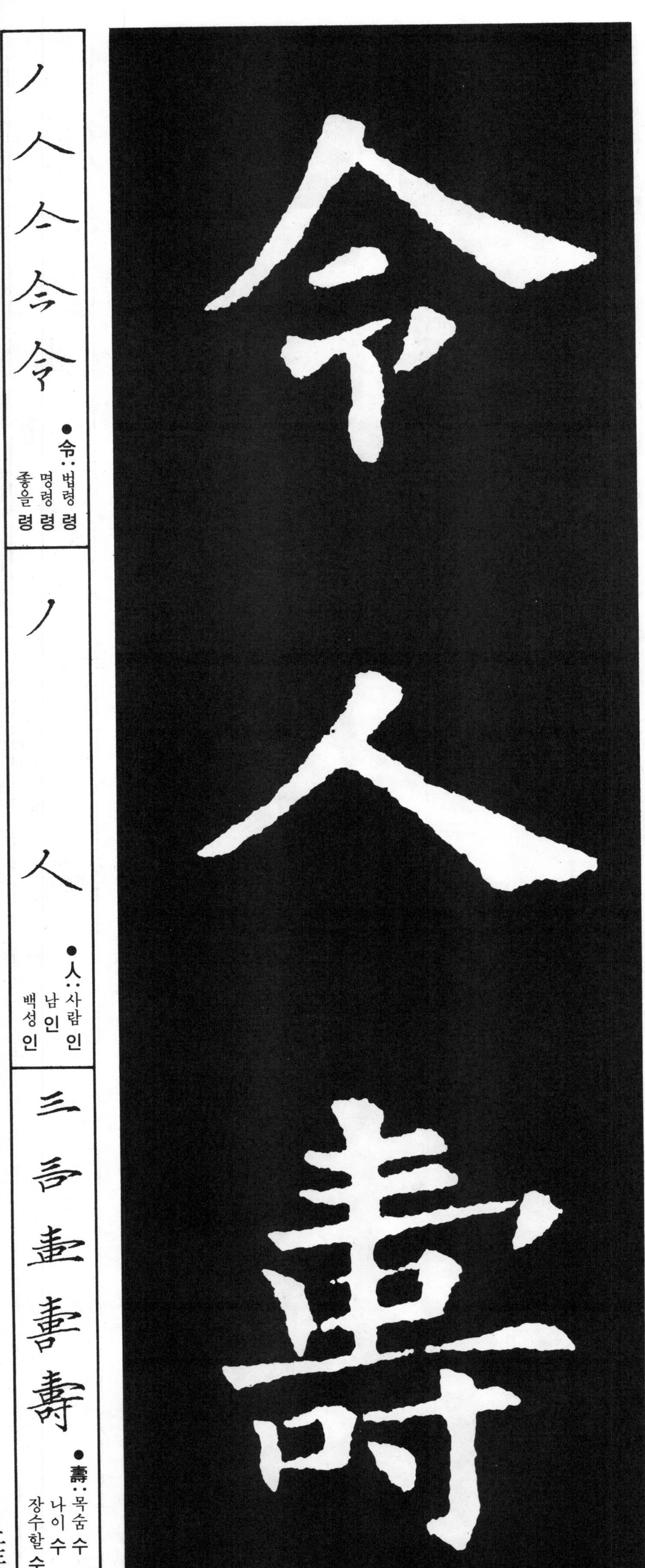

●令: 법령 령
명령 령
좋을 령

●人: 사람 인
남 인
백성 인

●壽: 목숨 수
나이 수
장수할 수

東

觀

漢

● 東: 동녘 동
움직일 동
봄 동

● 觀: 볼 관
보일 관
놀 관

● 漢: 한나라 한
물이름 한
은하 한

記

●記: 기록할 기
적을 기
기억할 기

曰

●曰: 가로 왈
어조사 왈

光

●光: 빛 광
빛날 광
경치 광

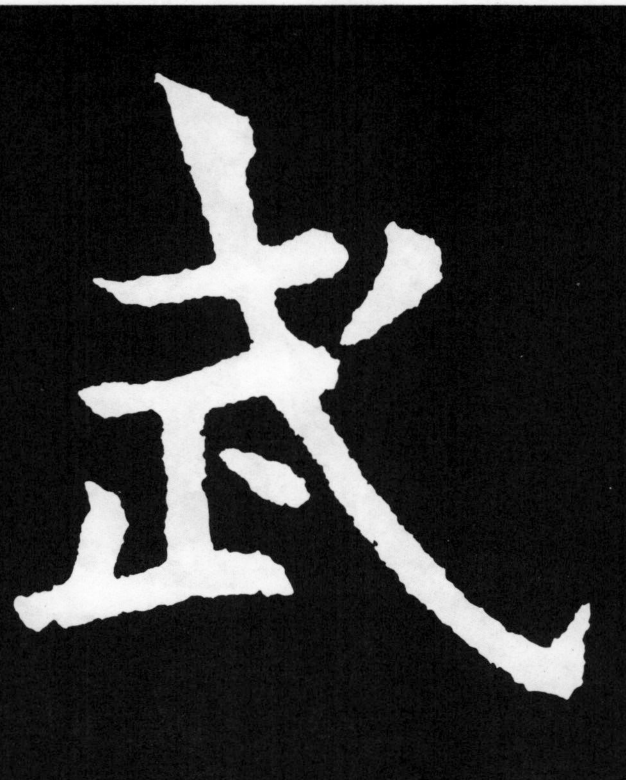

中

元

武

●武: 호반 무
굳셀 무
발자취 무

中

●中: 가운데 중
마음 중
바를 중

元

●元: 으뜸 원
처음 원
근본 원

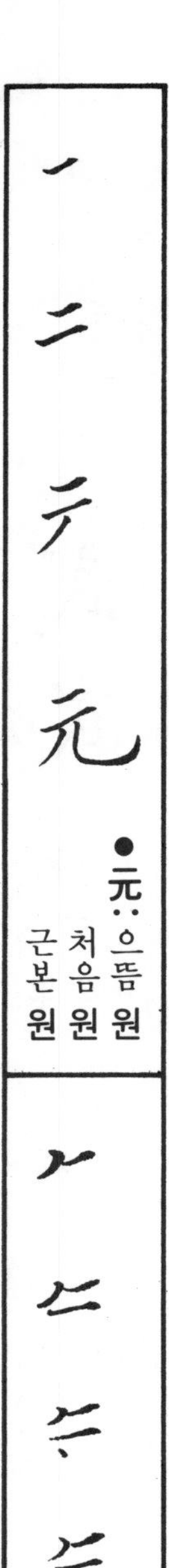

●元: 으뜸 원
처음 원
근본 원

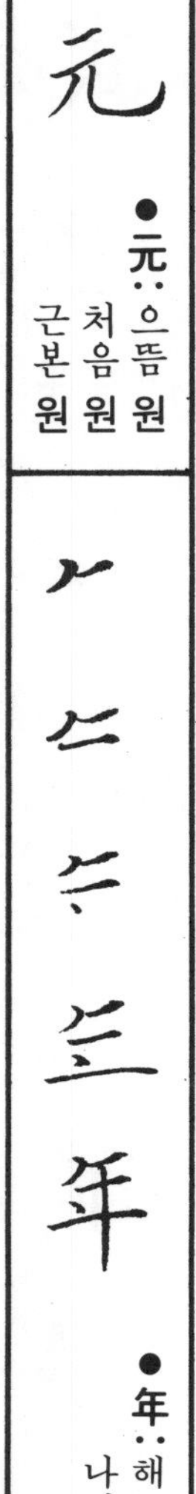

●年: 해 년
나이 년

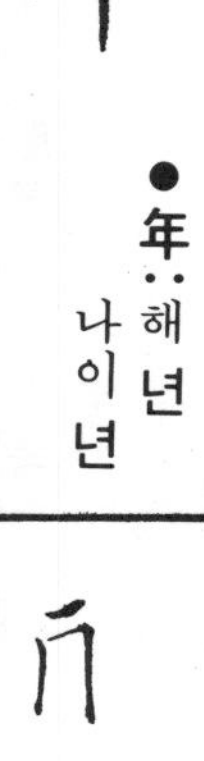

●醴: 단술 례
단샘 례

元年醴

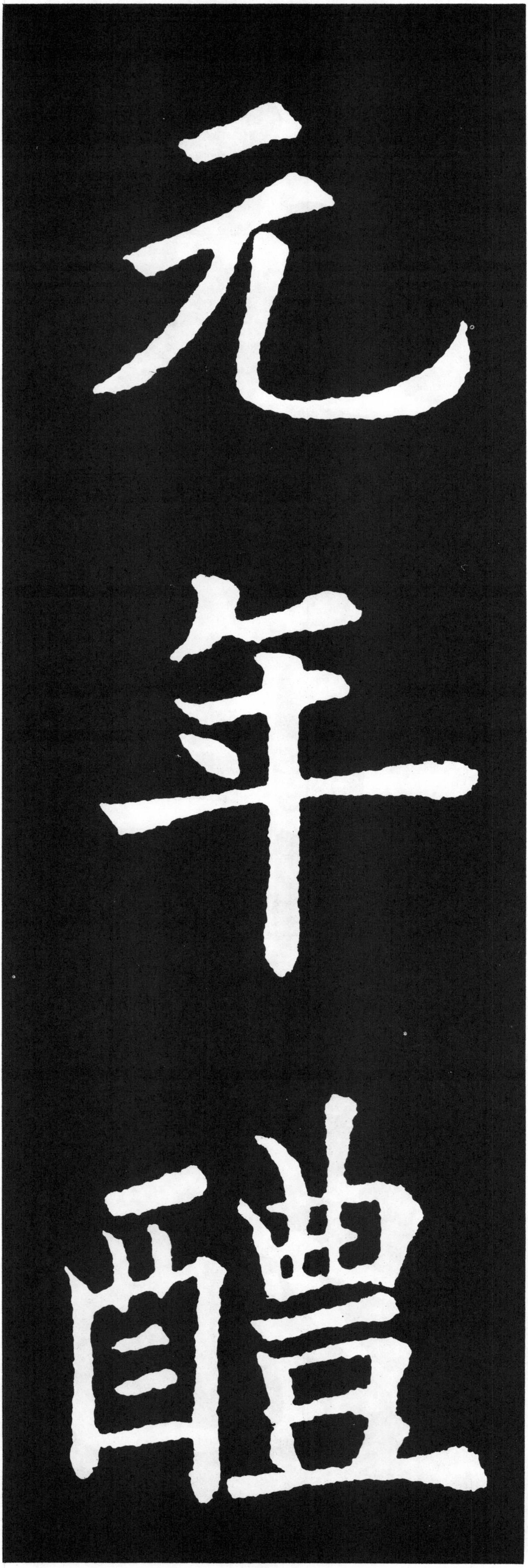

泉 京 師

●泉: 샘 천
돈 천

●京: 서울 경
클 경
높을 경

●師: 스승 사
군사 사

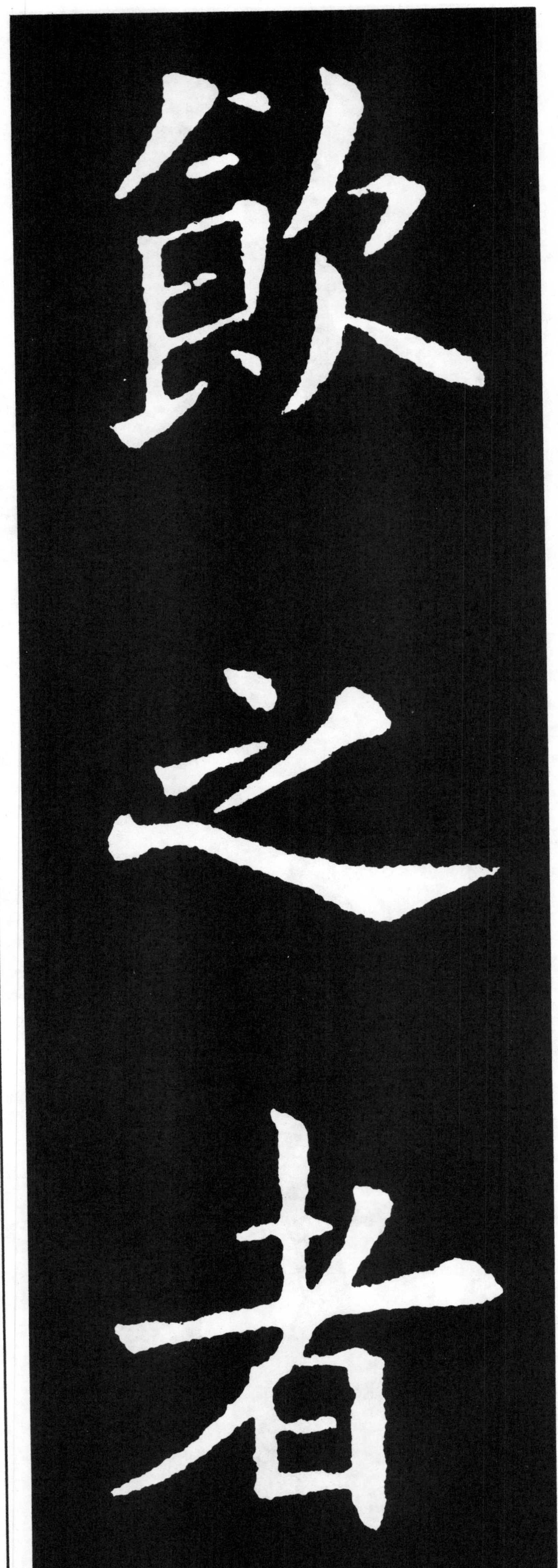

● 飮 : 마실 음
음료 음
물먹일 음

● 之 : 갈 지
의 지
어조사 지

● 者 : 놈 자
어조사 자

痼

皆

愈

● 痼 : 고질 고
오래된병 고

● 皆 : 다 개
같을 개
아우를 개

● 愈 : 어질 유
더할 유
나을 유

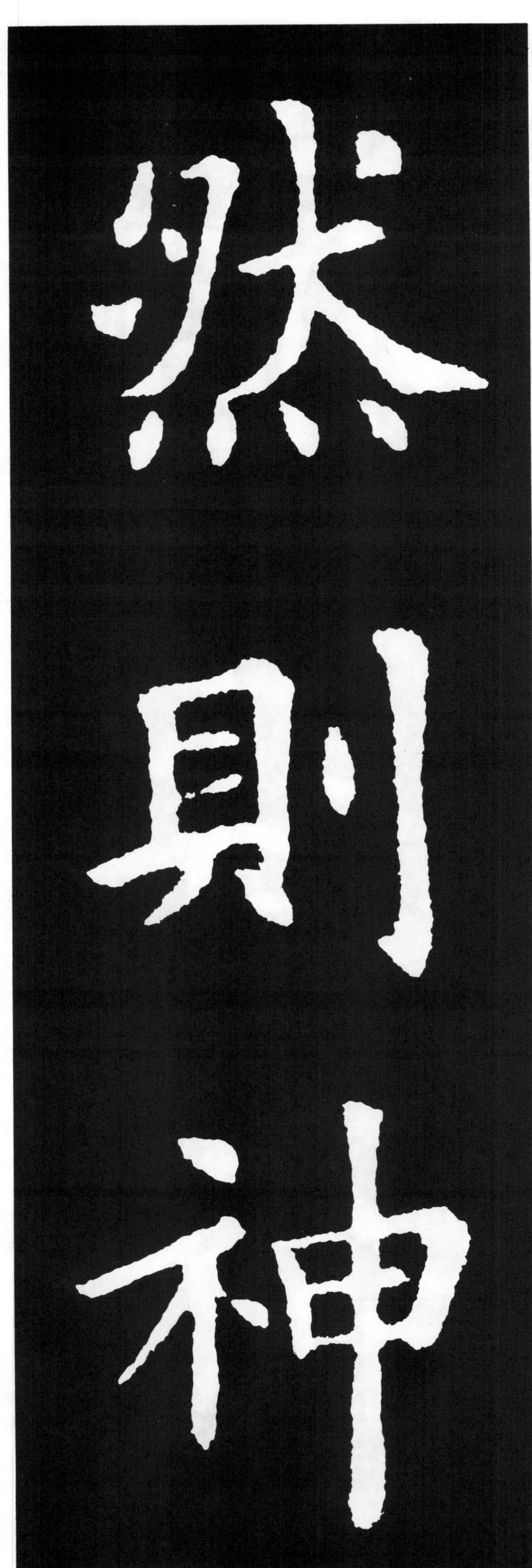

ク 夕 夕犬 夕犬 然

● 然: 그럴 연
그러나 연
어조사 연

冂 目 貝 貝 則

● 則: 곧 즉
법칙 칙

一 礻 礻冂 礻日 神

● 神: 귀신 신
신 신
정신 신

物之來

●物: 만물 물
사물 물
살필 물

●之: 갈 지
의 지
어조사 지

●來: 올 래
돌아올 래
미래 래

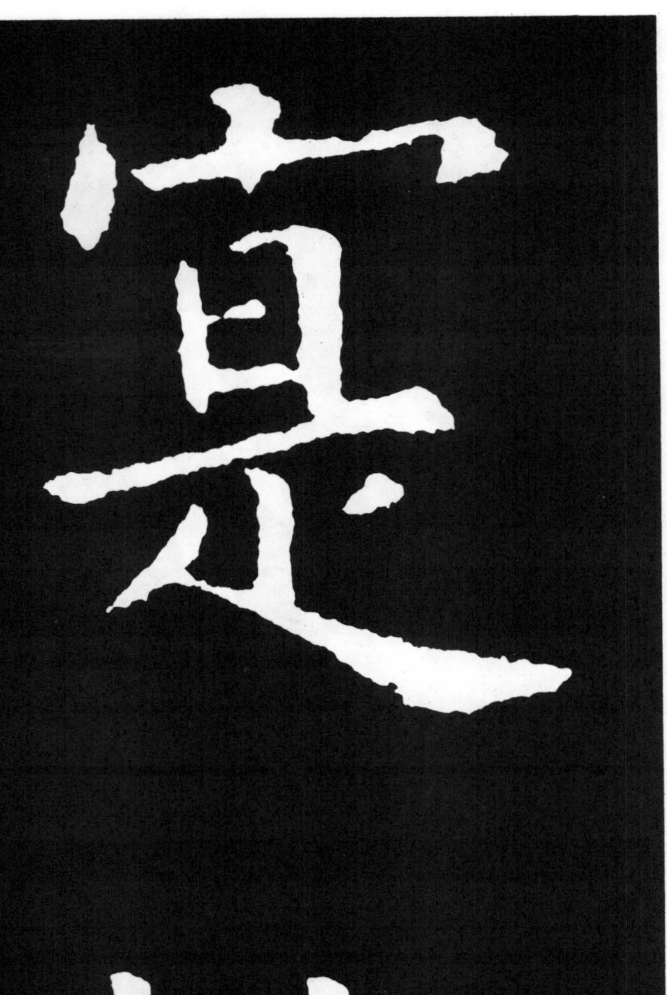

扶

明

● 寔 : 이식
참식
바를식

● 扶 : 붙들부
도울부
호위할부

● 明 : 밝을명
비칠명
나타날명

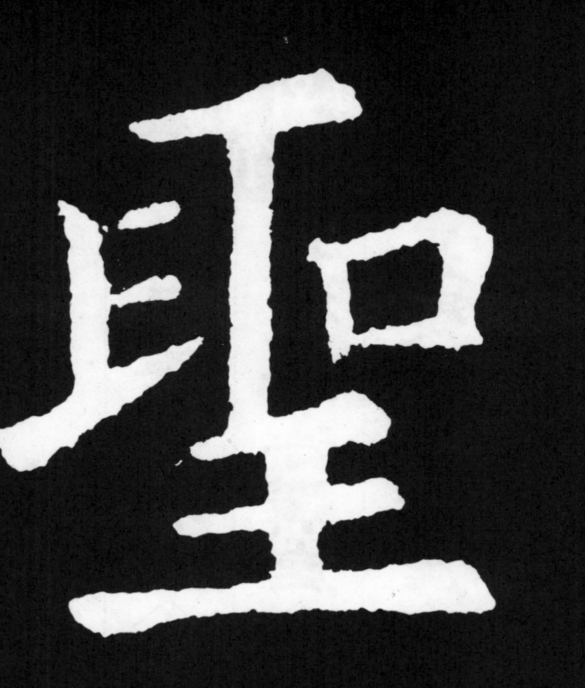

既

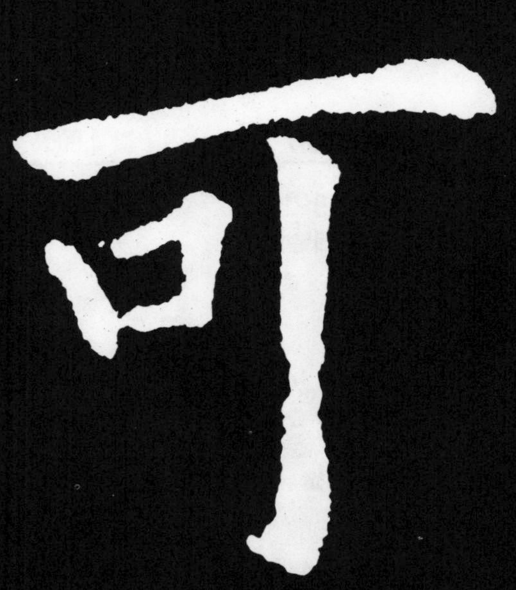

聖

●聖: 성인 성
지존할 성
거룩할 성

既

●既: 이미 기
다할 기
마칠 기

可

●可: 옳을 가
허락할 가
기히 가

擴大法書選集 2
九成宮醴泉銘 ②

1984년 12월 15일 초판 인쇄
2024년 10월 23일 7쇄 발행

편저_장대덕
발행인_손진하
발행처_우람
인쇄소_삼덕정판사

등록번호_8-20
등록일자_1976.4.15.

서울특별시 성북구 월곡로5길 34
#02797 TEL 941-5551~3
FAX 912-6007

값 : 10,000원

ISBN 978-89-7363-961-8